TITANIC
THE BROTHERS PERACCHIO
Two Boys and a Dream

ANGELICA HARRIS
TRADUZIONE ITALIANA DI CLAUDIO BOSSI

© 2012, 2018, 2019, 2023 Angelica Harris Inc

Author: Angelica Harris
Story Editor: Katie Gutierrez, 2012
Revision Editor: Ashley Franklin, 2017

Traduzione Italiana di Claudio Bossi © 2018

Executive Editor and Historical Consultant: Deanna Ryan-Meister
Graphic Design: MeisterWorks Graphic Design

Photography:
Angelica Harris
Back cover and About the Author portrait: Rosaria Lucia Photography
Titanic gravesite, and Titanic Weekend, June 2017 events:
Deanna (Dee) M. Ryan-Meister and Neil Meister
TSAC delegates, TIS–TSAC Titanic International Convention:
Sandy Gallo
TIS–TSAC Titanic Convention Gala group photo: Darryll Walsh
Document images supplied by Claudio Bossi, Claudia Thomas

ISBN 978-0-692-10678-5

www.twitter.com/webrowerjr

DEDICATION

This book is dedicated to Modesto Peracchio, who trusted his young niece to uncover the story of his brothers who perished on RMS *Titanic* on April 15th, 1912.

My Uncle Modesto's longing to find answers about his older brothers made me the *Titanic* historian I am today. In my search for clues, *Titanic* shackled my heart and never let me go. I am thankful for the gift of coming to know her, not as a wreck far beneath the surface of the Atlantic Ocean, but as a gem of great beauty and grace that brought joy to her wards before her tragic demise.

Titanic left Southampton, England on April 10th, 1912, and was to dock at Pier 54 in my city of New York on April 18th, 1912. I have often gone to the Chelsea Piers, where she would have victoriously sailed into harbor, and imagined her coming into port. She is the ship of dreams. It is to her—and to my Uncle Modesto—that I give my undying affection. It is my hope that this narrative will do them justice.

— Angelica Harris, 2012

IN MEMORIAM

After the publication of this book in 2019, Titanic Society of Atlantic Canada (TSAC) lost two respected and well-revered Board Members, whom I considered dear friends and colleagues.

Warren Ervine (June 4, 1934 – October 12, 2020)
Warren was a dedicated and active member of TSAC since 2013. He attended many events and Titanic commemorations, as well as advocating for a Titanic memorial for Halifax. Warren was the descendant of Albert George Ervine, his uncle who was born and resided in Belfast, Northern Ireland. Albert was just 18, the youngest engineer to serve on RMS *Titanic*, and was successful in "keeping the lights on" until *Titanic* foundered—he perished with the ship. Warren and I talked extensively about our uncles who served on the *Titanic*. *See pages 44, 87, and 103.*

Alan Ruffman (July 10, 1940 – December 28, 2022)
Alan was a founding and active member of TSAC. He was a marine geologist, civic activist, and a passionate disaster historian, with a focus on *Titanic*. He was an adjunct geology professor at Dalhousie University, in Halifax. He personally assisted in TSAC's Titanic historical research, and would lend a hand to anyone interested in learning about the ship. He was a wealth of information, and he taught me much about *Titanic*, and my uncles, in the short time I knew him. *See page 47.*

On April 10th, 1912, *Titanic* set sail from Southampton, England.
After stopping at Cherbourg, France, and Queenstown, Ireland
to pick up passengers, RMS *Titanic* set out for New York City.
However, at 11:40 pm on April 14th, 1912, the ship hit an iceberg
and five of *Titanic*'s compartments were ruptured along its starboard side.
At about 2:20 am on the morning of April 15th, 1912,
the massive vessel sank in the North Atlantic.
Because of the shortage of lifeboats and the lack of emergency procedures,
1,497 people went down in the sinking ship or froze to death in the icy waters
of the North Atlantic. Most of the 712 survivors were women and children.

Many people from all walks of life, from those of nobility,
to families looking for a dream in America,
were filled with excitement to enjoy this beautiful ship.

— References:
History—On this day in history, and *Encyclopedia Titanica*

CONTENTS

Dedication 3
Preface.. 7
About the Author 9
Foreword.. 10
PART I: A Heart Shackled................................... 11
PART II: A Heart Freed..................................... 17
Five Years Later 29
Joining the Links of *Titanic*'s Family Chain 31
Wearing the Name of a Legend 35
Halifax, Nova Scotia—the New World 39
Rain or No Rain—Richard and I Meet at MMA 40
Celebrating Halifax Public Gardens and Canada's 150 Birthday .. 42
Mount Olivet, Fairview Lawn and Baron de Hirsch 45
A Requiting Sunday 48
An Adventure Through Time and *Titanic* 50
Tuesday with TSAC at the MMA............................ 53
The Nova Scotia Archives 54
Halifax Explosion In the Narrows 56
Leaving Halifax 58
Epilogue: Remembering a Dream that
   Became a Nightmare 60
Acknowledgements 63
Photo Album.. 65
Titanic—A Maiden Voyage Among the Clouds—
   Angels Guide Thee Home 111

RMS TITANIC

Photo taken on April 8th 1912, behind the Upper Class Dining section, two days before Titanic sailed on April 10th 1912.

Alberto (seated) and Sebastiano Peracchio

6 TITANIC · THE BROTHERS PERACCHIO

Preface

AMONG THE LAST HOURS of the night of April 14th and the early hours of April 15th, 1912 there was the tragedy: one of the most famous in the history of man. A world tragedy, which still fascinates, frightens and intrigues, a prologue to disasters that have swept the world. A tragedy destined to be the manifesto of the last century: that of the RMS *Titanic* ocean liner. That evening, the distinguished First Class passengers with the latest uncork champagne greeted the end of an era and the beginning of another. Hopes of radiance that turned out tragic and violent.

The majority of Italians, on board the famous ship, were waiters, employed by Luigi Gatti, director of the sumptuous À la Carte Restaurant in First Class. He was the manager of that corner of wealth and delight, and it was he who personally recruited the best waiters, even among our countrymen.

The specialization of the Alessandrian emigrants was service in restaurants and hotels. Among the choices which were expected from those who emigrated in search of work, there were two priorities: that of the place of destination and one of working once arrived. In those years the favored destination was England, and particularly London. Following in the footsteps of those who had preceded them and facilitated by their presence, the new migrants chose resort where he had already established a good contingent of fellow villagers and opted for the same kind of work activities undertaken by their predecessors.

Here, in the capital of Fubine, were the brothers Alberto and Sebastiano Peracchio. The opportunity for the two brothers, being able to work on one of the most fashionable ships, and with the elite of the whole planet! The vessel that brought the American dream and that of the two Fubinesi brothers was the most beautiful ship in the world.

Their fate was being a part of one of the largest sea tragedies. For them, unfortunately, there was no way out. Alberto and Sebastiano shared life and death, the Atlantic was their grave. In an earlier edition of *Corriere della Sera*, immediately following the sinking of *Titanic*, it was reported that the Fubine brothers had been saved!

You are about to read their story, through the fresh writing and the language of the family of their niece, Angelica Harris. She must continue to bear witness to the memory of a past that should not be forgotten by future generations. As well as to remember, the *Titanic* tragedy serves to preserve the memory of the millions of our emigrants who crossed the oceans to chase a dream of freedom and accomplishment, and they met different fates, sometimes lucky but often filled with suffering.

— Claudio Bossi, May 2018

Claudio Bossi, writer and historian, is responsible for years of reconstructing the story of *Titanic*. Considered among the most qualified international experts in the history of the famous ocean liner, he has been called to collaborate with newspapers and magazines, radio and television stations. He often gives lectures which illustrate and demonstrate the deeds and misdeeds of that fateful night, in which ordinary people wrote of gentlemen, with their heroic actions. Author of books *Titanic* (Giunti Editore—2012), *The riddles of the Titanic* (Enigma Editions—2016) and *Io e il Titanic* (Macchione Editore—2018). Curator of the homonymous www.titanicdiclaudiobossi.com internet site. In 2015 Claudio was awarded the National Prize Chronicles Mystery.

ABOUT THE AUTHOR

Human Rights Activist Angelica Harris-LoCascio is a successful author, poet laureate, entrepreneur, advocate, and professional speaker. Angelica was born in New York City, her real name is Angela-Filomena LoCascio. Her love for writing was ignited in William Cullen Bryant High School when she used the written word to escape the difficulties she faced at home.

Angelica pursued creative arts at Hunter College, studying history and theatre. With a lifelong passion for medieval history, especially Arthurian lore, Angelica is the author of three fantasy novels: *The Quest for Excalibur, Excalibur and the Holy Grail*, and *Excalibur Reclaims Her King*. Her fourth book, *Excalibur and the Titulus of Christ*, is scheduled for release in 2025. In 2011, Angelica penned her memoir *Living with Rage-A Quest for Solace*, Angelica's story of triumph over domestic and sexual violence in her youth.

In 2005, Angelica founded the Excalibur Reading Program, a non-profit organization, that brings the importance of reading, writing, and the arts to all children, and to organizations dedicated to children with special needs. She uses her personal story to build a community of humanitarians. Angelica believes we can all become Heroes in our own lives.

Angelica furthered her education at Fordham University's School of Professional and Continuing Studies at Lincoln Center. She studied Social Justice, Feminist Theory, Writing for Publication, and Literature on War and Peace and Romanticism. She is the recipient of the Dean's List Awards 2020–2021, 2021–2022. She has also been inducted into the Honors Program and received the Alpha Sigma Lambda and Alpha Chi Omicron-Sigma Tau Delta Awards. Angelica graduated in 2023, with her Bachelor of Arts Degree—In Cursu Honorum Magna Cum Laude. She proudly sits on the Board of Directors as New York Correspondent for Titanic Society of Atlantic Canada (TSAC) with President Deanna Ryan-Meister, and as Descendant Advocate and Vice President of the Titanic Memorial Lighthouse in New York City.

Angelica is married to John LoCascio, and they have two grown children; Andrea, and John, who is married to Jade.

For more information about Angelica Harris, her programs, community involvement, and scheduling for speaking engagements, contact her personally at 917-704-4905 or email her at angelicaharris57@gmail.com.

FOREWORD

Blood is thicker than water and holds the ties of family together. This tale surrounds two brothers who, a century ago, used their determination for self-improvement to earn a place on the restaurants of various ocean liners—including the largest ship in the world: RMS *Titanic*.

There are countless books and films documenting the events of the cold April night when the great ship foundered. However, the loss of *Titanic* is only the tip of the iceberg for our story. Sebastiano and Alberto Peracchio, ages seventeen and twenty, left home together, lived together, worked together, and, in the end, died together.

Like many other relatives of victims, the Peracchio family considered the name *Titanic* a deadly curse word that should never be spoken aloud; it would take one hundred years before their niece, Angelica Harris, could pull their story from the shadows of the past. Although their remains were never recovered, Ms. Harris helps fill in the missing space—between their quaint home in Italy and the cool salt air of the Atlantic—with her writing. In so doing, Ms. Harris has not only shared a legacy long forgotten by some, but also shows how the two brothers fit into the timeless legend that is *Titanic*.

William Brower
Titanic Historian and author of *Touched By The Titanic*
www.twitter.com/webrowerjr

April 2012

PART I

A Heart Shackled

When I was seventeen, my history teacher tasked our class with writing a twenty-page term paper on a topic of our choice. I had planned to write about King Arthur and his battle at Camlann—I was obsessed with medieval history and lore and had won awards on the subject—but for some reason, another topic kept tugging at me. It was as though the RMS *Titanic* had shackled me with her anchor chain, tugging at my heart.

After much internal debate—To choose a subject I knew and loved, or unexpected territory—I decided on *Titanic*. In the 1970s, *Titanic* was still considered a "recent" event, so information was not readily available in history books.

"You'll need to do some extra digging," my teacher, Mr. Chahallis, told me. "Try the New York Library. They should have microfiche you can go through."

The young historian in me was excited at the prospect of sleuthing, and I dedicated the following Saturday to research.

When I arrived at the New York Library from Queens, I could almost convince myself I'd taken a wrong turn and ended up at the White House. The building was old white brick and marble, with massive columns that rose to the roof. I climbed up twenty-five steps to the entrance, where two majestic stone lions sat as if guarding the treasures inside.

Already in awe, I pressed past the two arc-shaped golden doors into a huge white marble and oak-paneled lobby. The air was cool, and I breathed deeply the scent of paper and leather. Then, getting my bearings, I made my way toward a winding cedar and iron staircase. A robust woman in her early forties sat behind an antique mahogany desk at the foot of the stairs.

"Excuse me, ma'am—where is the historic research section?"

She pointed upstairs. "The young man behind the information desk will help you."

I climbed the stairs feeling as though I had traveled back in time: the walls were bone white, punctuated with color from stained glass windows and pictures of Ralph Waldo Emerson, Shakespeare, and Mallory. I lingered by each portrait. I was in great company, but where were all the books? Not a single one was in sight.

I stepped onto a carpeted landing, where the information desk sat a few feet away. The young man behind it must have been twenty-one, with dark hair and a white shirt. The words *New York Library* were sewn above the left chest pocket.

"Can I help you?" he asked, raising his blue eyes to me.

"Yes, please. I'm looking for books about the sinking of the *Titanic*."

The young man turned around to face drawers upon drawers of index cards. Long before computers simplified this kind of search, the Dewey Decimal System categorized books by title, author, and genre; then it assigned them specific numbers so a librarian or visitor could easily find them on the shelves. The young man passed me a card with handwritten titles and numbers: *A Night to Remember*, by Walter Lord, and *The Sinking of the Titanic*, by Logan Marshall.

"Go around the corner to your right," he said. "The librarian in the reading room will find the books for you."

The reading room was filled with long mahogany tables and short brass lamps. The walls were white, and high windows were corniced with deep-shelved frames; tan shades kept out the sunlight. I was greeted by a mature man with a metal-wheeled cart loaded with books. I handed him the card, and after a few minutes, he placed the books carefully in my hands.

"You may sit over here." He gestured to the table to my right. "My name is George. If you need further assistance, please ask for me."

I sat down in a high-backed leather chair and looked down at *A Night to Remember*. The title was embossed in gold lettering. On the cover was a picture of *Titanic* after she hit the iceberg, her lifeboats in the Atlantic Ocean half-full.

Along with a written history, the book showed photos of *Titanic*. My heart quickened as I gazed at the Harland and Wolff shipyard in Belfast, Ireland, where I saw *Titanic*'s keel plates laid down side by side, the men in the photo attaching rivets in place. Page after page, I watched the building of *Titanic*. My heart hurt, knowing what was to come. I opened my Mead notebook and began to take notes for my report. I spent my whole Saturday in that room, rummaging through books.

I couldn't sleep that night. My mind was on *Titanic*. I wanted to know more.

Mr. Chahallis had stipulated that we bring in our notes each Friday so he could gauge our progress. I was completely prepared when Mr. Chahallis stood tall over my desk with his brown tweed jacket and white hair; my report was already nine handwritten notebook pages. He gave me that ever-approving smile, then cleared his throat. I knew what that meant:

"Angelica, this is a great start, but do you know what is missing?"

I shook my head. "No, I don't."

"I would like to see the passenger and crew list in your report."

I almost choked. "But, sir, where can I find such a list?"

"Come see me after school, and we'll talk."

That afternoon, Mr. Chahallis helped me sort through my notes; my own notebook held the answer: the *New York Times* had the list in its archives. But getting the material I needed meant taking another Saturday off work. I was losing pay and needed the funds for my college tuition, but I was dedicated to my project.

In the New York Times building, larger-than-life posters of headlines covered the walls. I walked a path of newspaper history, from my recollections of President Kennedy's and Martin Luther King Jr's assassinations to the first walk on the moon. Then, right above the escalator, I saw a photo of newsboy Ned Parfett holding up the newspaper on the sidewalk in front of the White Star Line offices at Oceanic House in London, England; the headline read: "*Titanic Disaster—Great Loss of Life.*"

In the information office, a hefty man with a dark suit and dark hair sat behind a wooden desk. Smoke wafted from a cigar resting in an amber ashtray. I explained what I needed, and the man left his desk. After a solid half hour, he returned with a small machine, slipping a scroll in a metal cylinder on its side.

"This is a microfiche reader," he said. "Use this crank to view the film." He took the handle and turned it around. On the small screen was the headline I had just seen on the wall. Then I found my treasure: on April 16th and 17th, the paper had published the names of most of those who had sailed on that fateful trip. As I wrote the names and ages of each person who had perished, I felt connected to those whose ages were close to mine. These young men and women could have been my classmates. I could not fathom that they were dead.

Four months after receiving the assignment, I handed in my paper. I felt intellectually and emotionally spent. *Titanic* had mesmerized me with her grandeur and then broken my heart with her fate. I was so touched that I copied and framed photos from history books and hung them on my bedroom walls. On a piece of loose-leaf paper, I even drew a picture of *Titanic* that I have to this day. It was as though I had become helplessly attached to her hull plates.

Two weeks later, Mr. Chahallis called me to his office.

"Job well done, Angelica." With a smile, he handed me my report: A+. At graduation, I would receive a gold cord of honor for the history department and a medal for my outstanding work in my major.

In December of 1976, six months after graduating, I met my soon-to-be husband, John LoCascio. When we became serious about our relationship, John invited me to join him at his aunt and uncle's house for dinner. Their names were Modesto and Angela Peracchio. Modesto and Angela were two of the most gracious people that God ever placed on this earth. Zia (Italian for "aunt") Angela was a short, full-bodied Italian lady who greeted me at the door with a kiss, even though it was the first time we had met. Zio Mo shook my hand, and from the minute I walked in the door, he kept the food and wine coming. I was a princess in their home, which was a completely unfamiliar feeling. We had dinner on their arboretum patio, which looked like the Garden of Eden with flowers and vines climbing up the railing. A marble birdbath, surrounded by statues of gods and goddesses, centered the eye in the garden.

After dinner, Zio Mo made coffee and we all enjoyed dessert in the downstairs family room. To my astonishment, sitting on the mantle was a beautifully framed picture of RMS *Titanic*. There she was in all her glory, docked at Southampton in England.

"This is amazing," I said, picking up the photo of *Titanic*. "I'm a history major at school. I've done a lot of research on the *Titanic*."

Modesto lifted the photo beside it, gazing at the two young men it pictured. "These are my older brothers, Alberto and Sebastiano Peracchio." His voice was heavy with sadness.

"What happened to them?"

"They were crew members. They sank with the *Titanic* on April 15th, 1912."

"Alberto, who is seated in the photo, was twenty years old. Sebastiano, the young man standing, was seventeen." My breath caught in my chest. I was seventeen when I wrote my twenty-page paper, and Sebastiano was seventeen when he died. In that moment, *Titanic* was no longer a part of history to me; she was flesh-and-blood real, and grief filled my heart—grief for two boys and a ship full of people I never knew. Zio Mo cocked his head with a bittersweet smile as tears filled my eyes. Even in his late sixties or early seventies, he was as handsome as his brothers. He wiped a tear from my cheek, and I imagined that if he was this kind, his brothers must have been, too.

"Sit down," he said, with his enchanting Italian accent. "I'll tell you about them, if you want."

Of course I wanted. I sat across from Zio Mo and listened, rapt, as he told me of his older brothers.

"Alberto was born in 1892 in Fubine. That's in the province of Alessandria in Italy. Sebastiano was born in 1894. They were the oldest boys of Louisa and Carlo Peracchio, my parents."

I examined at the photo Zio Mo was holding. "They were so handsome."

"Indeed." Zio Mo smiled. "My father worked on the ship docks near Fubine and made his living loading cargo for some of the ocean liners. By the time my brothers were thirteen, they were both working steadily with my father."

"What about school?" I asked, though I thought I knew the answer.

"The boys were educated within the church," he said, confirming my assumption. In those days, schools were mostly for the rich or for those who led steady lives. If you worked in the shipyards, you hardly had a steady life; you worked long hard hours, no matter what age.

"Mo, Angelica, your coffee is getting cold," said Zia Angela. She handed me my cup, and I smiled. John, my boyfriend, sat quietly in the back of the room, eating his cake.

"Alberto loved his work but periodically labored for the ships, outfitting them with foods and accoutrements needed for passengers who were traveling to faraway places." Zio Mo paused. "I, too, worked the ships when I was a young man."

Zio finally took a sip of his coffee. I was enthralled. "Alberto was fluent in Italian, French, German, and English," he said. "Since he was gifted with languages, he was eventually able to find work on the docks of Italy and in France, which was only a forty-minute ferry ride from Fubine. He worked on *Titanic's* sister ship, the *Olympic*, and moved to England to be closer to his work. He ended up working in the restaurant industry. Sebastiano followed in his footsteps." He sighed and his voice lowered. "I was four when they died."

I could hear in those words the sad little boy. "What happened next?"

"My family was devastated. It was so hard to take that no one wanted to talk about them again. I don't know where exactly they lived before *Titanic* or even how they ended up there."

A moment of silence passed as Zio Mo traced a finger along the frame's edge.

"You're a historian," Zio Mo said. "Do you think—could you help me find out what happened to Alberto and Sebastiano? Could you find for me where they lived, what their lives were like before they died?" He took the coffee cup that had attached itself to my hands and placed it on the coffee table. "After all this time, I just want closure."

My mind reeled. I had a younger brother, Adam, and couldn't imagine the pain of not knowing about his life.

Plus, though I had just met Zio Mo, I already loved him with all my heart. I had no idea where to start, but I wanted to help him.

"Yes," I said. "I'll do it."

Taking time at Fairview Lawn Cemetery to reflect on the grave of Luigi Gatti, restaurateur and manager of the À la Carte Restaurant in First Class on *Titanic*. June 10, 2017.

PART II

A Heart Freed

TIME PASSED QUICKLY after Zio Mo asked me to research his brothers. I worked full time, got engaged, and married John in September of 1980. Intermittently, I returned to the libraries for what I was beginning to call "search and rescue." I was hitting up against a wall. Each book presented the same story—*Titanic* was built, she launched, she sailed, she sank. That was it! There was no mention of the brothers Peracchio.

In October of 1981, Zio Mo suffered a devastating blow when he lost his beautiful bride of over fifty years. Zia Angela and I shared the same name, and when John and I visited Zio Mo for dinner, he requested that I sit in her chair next to him. We talked about my research, and though he never pressured me for answers, I knew Zio Mo must have been disappointed in how little I had found.

As I went about my days, I picked up anything I could find in the libraries about *Titanic*, but it was "research as usual." Then, in September of 1985, the *New York Times* published a piece about a man named Dr. Robert Ballard.

On September 1st, 1985 Dr. Ballard had discovered *Titanic* in the Atlantic ninety-five miles off the shores of Nova Scotia. With *Titanic* resurfacing, so to speak, I turned my focus to the current research. In the December 1985 edition of *National Geographic*, I found a wonderful article about Dr. Ballard's findings, and by December of the following year, he had returned to the wreck with an android submersible called Jason Jr., or JJ. At that point, more clues as to the ship's final moments were brought to light, and historians jumped on them.

In December of that year, *Titanic: Destination Disaster* and *Titanic: Triumph and Tragedy*, both by John P. Eaton and Charles A. Haas, and *Titanic Survivor*, by Violet Jessop, were published. I devoured *Destination Disaster* in two days—and in it, I found my first potential clue about the Peracchio brothers. On page ninety-three, I read about a man named Luigi Gatti, who owned several restaurants and culinary schools in England. Zio Mo had mentioned something about the boys working in a restaurant in England, but he did not know who owned it or exactly where it was. I called Zio Mo that night.

"Ahllo!" said Zio in his Italian accent.

"Zio! *Come stai?*"

"Angelica, *sto bene, il mio amore.*" His words were always filled with love.

"Zio, I have been reading a new book about *Titanic.*"

"Did you find my brothers?" he asked excitedly. "No, not yet, but the book talks about a man named Gatti, who taught in a culinary school—he worked on the ships."

There was a long pause on Zio's end of the call. "*Mio amore*, it could be, but I do not know anyone by the name Gatti." His voice was a bit sullen.

"Okay, Zio, I am going to keep working on this and get back to you."

"*Caio, fino a domani!*" he said as he hung up the phone.

"Until tomorrow," I said back.

While my infant daughter Andrea napped, I sat at the dining room table reading my books and trying to map out some kind of timeline for the boys' lives. I knew that Alberto left Fubine in the summer of 1909, at the age of seventeen. He worked on the *Lusitania*, came home, continued to work on the docks with his dad, and then found work on *Olympic*, *Titanic's* older sister. Then he fell in love with England, Zio had told me. As I began to write it all down in a notebook, I went back to page ninety-three and reread the passage where Gatti hired young men straight from the docks to work at his school. Maybe Alberto was one of them … could it be?

According to the book, Gatti—an Italian—lived in England before working for the "high society" restaurants on the *Lusitania*, *Mauretania*, and *Olympic*. Gatti's body was buried in Fairview Lawn Cemetery, located in Halifax. Many of *Titanic's* documents were archived downtown in the Maritime Museum of the Atlantic and the Public Archives of Nova Scotia (officially renamed Nova Scotia Archives in 2011). By late winter of 1986, Zio Mo was in poor health, and we brought Andrea up to see him. He held my baby as if she were his, cradling her in his muscular arms and singing to her in Italian. She cooed and laughed as he sang. While I started dinner in his kitchen, I could hear him singing to her:

"*Bel bambino del mio cuore, i miei fratelli sono morti sul Titanic, lo zio Sebastiano e lo zio Alberto, il mio amore, baby!*"

I peeked out of the door. Zio Mo was sitting in his easy chair by the fireplace, rocking Andrea and humming to her.

Plates rattled as my husband John set the table. Zio's table was always beautiful, even after Zia Angela passed. He kept it covered with her Italian lace cloth, decorated with gold candlesticks and fresh flowers from the garden. John arranged the French white china and wine goblets; they were fluted crystal with gold inlaid trim—lovely!

Zio had taught John and I how to set a formal table. Like his brothers, he was trained in the culinary arts. Before he retired, he was master chef at a popular Italian bistro in Manhattan called Sardi's. He loved his work and told great stories of the famous actors who had graced the eatery.

In my heart, I was afraid time was going to have its way with Zio Mo. Each day, he grew lonelier for his wife—she was gone five years now—and for his brothers and his son, Dennis, who had passed away twenty years earlier. What if Zio did not have answers before he closed his eyes to join his brothers?

Dinner was ready, and Zio had rocked Andrea to sleep with his sweet song. He placed her gently in her portable crib and sat down beside me. Zio and I loved our red wine, and he poured a glass for each of us. I began to serve the pasta, and as I lifted Zio's bowl, a thought came to mind. "Zio, I know you were little when the boys died, but one of the articles I read said that passengers and crew members used to send telegrams to family and friends."

Zio put his fork down. "Si," he said, closing his eyes. "There was one telegram that Alberto sent from the ship. Even though I was small, I remember my mother getting upset after she read it."

"Was he telling Nonna that the ship was sinking?" "No, Alberto was telling Mama that he was taking a test to become an officer on the *Titanic*." "Why was she so upset?" John asked.

"Mama wanted the boys to come home and continue to work with our father on the docks. She did not like having her sons so far away."

I looked at Andrea, sleeping in her crib. "I can understand that. Zio, do you still have this telegram?" Zio slowly drank the rest of his wine. Then he took my hand and, with sad blue eyes, said, "It burned in the fire we had in the garage apartment ten years ago."

I exhaled in disappointment.

"I forgot about that note until just now," he said.

On the way home that night, I thought about the telegram Zio's mother had received. Years earlier, when I had written my high school report, I learned that Marconi's Wireless Telegraph Company had directed all telegram traffic on the *Titanic*. Maybe it was time to revisit an old friend: the *New York Times* building.

One Saturday, when my husband was off from work, I found my opportunity. Nothing had changed in the years since I had last been there, except there was now an IBM room filled with new machines called "computers." The information desk was beside the IBM room. The desk was smaller than I recalled, and the woman behind it took my information and returned with the microfiche in hand; she pointed to the microfiche reader and took to her desk again.

I sat in the now fluorescent-lit room and placed the cylinder in its sheath. As the screen light went from black to green, I realized I was no longer the high school student about to sift through the materials for a report. I was now a twenty-nine-year-old woman and mother. I thought hard for a moment. I could not imagine losing my wonderful little girl. Nonna Peracchio's heart must have broken into a million pieces losing her boys so tragically. The idea wrenched my heart.

I took a breath and turned the handle, listening to its quiet ratchet as the reel turned. This time, the headlines of *Titanic's* demise weren't just a kid's eye-gawking for a school report—they were personal. *My uncles were on that ship, and they died*, I thought. Grief formed in the pit of my stomach, as painfully as if *Titanic* had sunk that day.

An hour or so later, I returned the microfiche reader and film to the librarian. "Excuse me, but by any chance are there any documents about the Marconi Wireless Telegraph Company and *Titanic?*"

The librarian sifted through her files and returned with two cylinders. I went back to the viewing room and prayed, "Please, my beautiful lady, point me to my uncles. Zio is not well. He needs you."

But it was to no avail; the film was about the creation of the telegraph/telegram machines and how they worked on the ships and in wartime. Annoyed, I removed it and replaced it with the second reel that the librarian had given me. The date on the headline hit me: April 23rd, 1912. It was my birthday, but many years before my birth. I took hold of the hard wooden handle and cranked up the film.

The dark green screen showed the names of some of the deceased crew found by the cable repair ship, the *Mackay-Bennett*. My heart quickened as I ran my finger over the screen: Luigi Gatti, manager, À la Carte Restaurant, *Titanic*. Then there was a list of his staff—including S and A Petracko, assistant waiters. I read the names over and over again. The initials were correct, but the last name was all wrong. Still, could this be the boys?

I spent the remainder of the afternoon sifting from one film to the other. My eyes burned by the time I returned the films and left for home. On the train, a feeling of defeat swept over me. I felt so close, yet so far.

Over the years, I met a woman named Eva. She was Zio's niece by his older brother Georgio. Eva was a tall and well-dressed woman in her late sixties. I had called her several times about my search, and if I saw her at family gatherings, I asked about her uncles, but she wanted nothing to do with it.

"The boys died needlessly on that damned ship, which my family did not approve of them sailing on to begin with." She set her espresso cup down, eyes blazing. "Zio Alberto became a citizen of England; that was all the more reason to forget. Nonna and Nonno did not like that their son betrayed his family and his Italy."

She put her hand up and did not say another word. I knew enough from my own aunts to understand that if they did not want to talk about a topic, I should just leave it be.

Again, time passed more quickly than I wanted it to. In late April of 1986, Zio was rushed to the hospital with pneumonia and heart issues. My husband and I went up to see him.

"*Mia cara*," he said as we walked in the room. There was a warning feeling in my gut: death was on his face. I held his hand as he murmured, "*Titanic*."

"I know, Zio. I'm still looking."

I re-entered my frantic search, reading every book I owned about *Titanic* over and over again, hoping I had missed something. Again, there was nothing.

In early May, with Mother's Day around the corner, I reread the passage in *Triumph and Tragedy* about the RMS *Titanic* exhibit at the Maritime Museum of the Atlantic in Halifax, Nova Scotia. I began drafting a letter to them that was interrupted when my daughter became sick with a high fever. She was five months old, and it was her first ear and throat infection. I spent the next week taking care of my baby. Then we received the phone call I had been dreading.

"Mom, what's wrong?" I asked my mother-in-law, who was crying on the other end.

"Modesto is dying, honey. You and John need to get up here as fast as you can."

John took the phone from me, and I went into my daughter's nursery. Andrea was too sick to be taken out of town. I felt split in two, but I had to stay with her.

Just as John was about to leave the next morning, the phone rang. I watched my husband go from standing to sitting, his face pale. I did not have to hear the words. I sat next to John and placed my hand on his shoulder.

He looked at me, lowered the phone from his ear, and said, "Zio Mo passed away twenty minutes ago."

My eyes fell on the picture of *Titanic* I had framed on my mantle.

So now you know, Zio, I thought. *You are with them.*

By the following day, Andrea was on the mend, and we were able to attend Zio's funeral that week. In his casket, he looked as though he were just sleeping in his black suit. I said a silent prayer and placed the picture of *Titanic* beside him. I was now in mourning for three men: Zio Mo, Zio Alberto, and Zio Sebastiano. I remembered Zio rocking my daughter in his arms and felt as though I had failed him.

It was hard, but I decided to take up Zio's quest again. I called cousin Eva, hoping that she would open up her heart to me and finally give me some answers.

"Come on, Eva, I promised Zio I would find his brothers—please!"

Finally, I felt her waver. "From what my father told me, the boys lived in some town near Surrey in London," she said, her voice a bit gruff.

"Can you tell me anything else about the area?" "That is all we knew."

"What about this man named Gatti—did they know him?"

"Eh, enough, it's done," she said. "Can't bring them back."

After my call with cousin Eva, I returned to *Titanic: Destination Disaster—The Legends and the Reality* by John P. Eaton and Charles A. Haas. It was as if some force kept me reading those pages over and over again. While my daughter napped, I began to lay out the *National Geographic* articles and my *Titanic* book, trying to storyboard the journey of my uncles and *Titanic*. My eyes fell on pictures of the blue and gold fine china brought up from the ship debris field, bearing the White Star Line logo. In my mind, I could see Alberto and Sebastiano serving their guests, but I needed more than the books and magazines were giving me.

I was tired of reading and waiting around for answers. Although I knew a call would be costly, I dialed the operator in New York City, and she helped me locate a phone number.

"Hello, Maritime Museum of the Atlantic," a woman said. "This is Sophia. May I help you?"

"Yes, Sophia, I hope you can. My name is Angelica, and I am the niece of Alberto and Sebastiano Peracchio. They were crew members on the *Titanic*."

"Yes, the young men from the À la Carte Restaurant." Taken aback, I said, "You know who they are?"

"Oh, yes. I know the names of everyone who sailed on *Titanic*."

Daring to hope, I said, "For the past years, I have been trying to track down the whereabouts of my uncles before they set sail on *Titanic*. I also wonder if by some miracle they were found and buried in Fairview."

In *Triumph and Tragedy*, I had learned that only a little over three hundred and thirty bodies were claimed from the sea, from more than three thousand people who were on board. The First Class passengers had families who came to claim them, but most were not as lucky; for those, the Nova Scotia government allotted space at two different cemeteries. One was the Fairview Lawn Cemetery in Halifax, where I read that Gatti was buried.

There was a pause. "I'm going to transfer you to Mr. Richard MacMichael. He is our Senior Heritage Interpreter and the best source on all things *Titanic*."

I heard a faint click and a few seconds later: "Hello, this is Mr. MacMichael."

My heart almost stopped in my chest. I read about this man in at least four books and now I was speaking with him. "Hello, Sir, I am hoping that you can help me find my uncles."

"May I ask your name?"

I introduced myself and explained the situation.

"If I may ask, how are you related to the brothers Peracchio?" he asked.

"I am their niece through marriage. My husband, John, is their nephew."

"I see. And why are you making this inquiry?"

"Sir, Zio Mo was four years old when his brothers sailed on the *Titanic*. Ever since then, he wanted to know what happened to them."

"Do you know where they came from?"

I nervously thumbed through the books on my table. If I gave a wrong answer, would he think I was playing games? "Yes. They came from Fubine, Alessandria. Italy. Sir, below Mr. Gatti's name were listed the members of his crew who drowned with him. Two of the names were S. and A. Petracko."

"I am not sure if those are my uncles, as I couldn't find the full first names and the last name is wrong but they sound similar, don't they?" I heard rustling, as if he were rummaging through pages of a book.

"Just a second ... " he murmured.

"Mr. MacMichael, it has been a long time since I started this search. Do you have any answers for me?"

He cleared his throat. "Mrs. LoCascio, I have a family here in my archives with very similar origins, but I must tell you the last name is spelled P-E-T-R-A-C-C-I-O."

I nearly gasped. It was so close. I looked over at a photo of Zio Mo holding my daughter in his arms and prayed silently, *God, please let me have finally found them.*

"Well, maybe this will help," I said. "They lived in England before joining *Titanic*. Alberto became an English citizen, but Sebastiano died still a citizen of Italy."

"I believe we are talking about the same people, then.

"Allow me to read what I have here in my books." I swallowed the breath I was about to take.

"Alberto and Sebastiano Petraccio were survived by parents Louisa and Carlo Petraccio, brothers Giorgio and Modesto, and sister Antoinette. They came from Fubine, Alessandria, Italy … and resided at 4 Dean Street, Richmond, London at the time of their deaths."

4 Dean Street, Richmond, London! Finally, after so long, I had an address! I felt warm tears well up in my eyes. Why couldn't Zio be here? He would have loved this moment.

"That's them!" I cried. "But, sir, the last name is wrong. It's been misspelled in different ways in every document I have read."

"Yes," he said. "Many family members had problems locating passengers and crew due to spelling errors. Will you please honor our museum and tell us how to spell their real last name?"

"Very gladly." I felt swollen with love and pride. "It is P-E-R-A-C-C-H-I-O!"

"Wonderful. I can forward this to every *Titanic* museum in the world and have your uncles' names officially logged in the archives."

"Oh, sir, my Zio Modesto would have been so happy to hear this."

"May I assume he has passed away?" asked Mr. MacMichael.

"Yes, sir. I was hoping to give him this news before he passed, but other issues took precedence and it just did not happen."

"Well, if you believe in a higher power, you know that your uncle is with his brothers."

"I do, sir—very much!"

I was about to say goodbye when I decided to ask one more question. "Sir, I know that their official duty rosters are located in Southampton. Do you think that Lord Lewin would accommodate me and send them to me?"

Lord Reginald Lewin was chairman of the museum trustees at the Maritime Museum in Southampton, England.

"I know he would," Mr. MacMichael said. "All you need to do is write to him. Do you need his address?"

"No, sir, it is written in the *Titanic* book." I rested my free hand on the book.

"Mrs. LoCascio, please know that if you ever come to Nova Scotia, the museum will accommodate your family, and I will gladly meet with you."

"Thank you, sir."

I replaced the phone in its cradle and walked to Zio's picture. "Did you hear that, Zio Mo? We changed the spelling, and now the boys aren't lost anymore." I felt the weight of my promise lifted from my shoulders; I finally knew where the boys had lived prior to boarding *Titanic*. But ... what was their story?

From persistent conversations with other family members, as well as what I knew about the time period, I began to create a narrative of the brothers Peracchio in my mind. Alberto had left Italy to follow his dreams, renting the apartment at 4 Dean Street in London. He needed a steady income to pay his room and board and found work with a restaurateur named Luigi Gatti, who owned a culinary school in London. I assume (only speculation, mind you) that Gatti took an interest in Alberto because he spoke so many languages. Gatti must have been so impressed that he admitted him as a student and hired him as an assistant waiter in his restaurant. I imagine that the young ladies were delighted when Alberto, with his classic, handsome features, serviced their tables in the restaurant. Alberto probably did not know yet that Gatti managed the à la carte eateries on such ships as RMS *Olympic*, and the *Mauretania*. These First Class dining salons were a secondary high-class dining area; the well-to-do passengers who weren't satisfied with the menu in the main dining salon could build personalized meals.

In March of 1911, Mr. Gatti was commissioned by the White Star Line to manage the À la Carte Restaurant on the newly built RMS *Titanic*. Gatti would be in charge of serving elite passengers from around the world, including John Jacob Astor, Benjamin Guggenheim, Molly Brown, and Mr. and Mrs. Isidor Strauss, the owners of the Macy's Department Store empire. Gatti handpicked his crew; some members were his cousins, and others were students and employees. One of these employees was Alberto.

As time approached for *Titanic* to leave England, Gatti realized he would be shorthanded. He asked whether any of his employees had brothers who would be interested in working the ships. Alberto recommended his younger brother, Sebastiano. Gatti probably gave him money to wire to his sibling, and Sebastiano would have been happy to have the work. Zio had told me that Sebastiano was jealous that his brother was traveling the world when he had to work on his father's docks. Though Sebastiano was not the defiant son who searched for his own life, when Alberto sent for him, he packed his bags and went quickly.

Sebastiano soon joined his brother in the London apartment. The two went to work every day and likely enjoyed each other's company; Zio Mo had told me that the two were quite close growing up. Sebastiano proved to be a hardworking young man and began training under the tutelage of his older brother to work on the ships. Six months before *Titanic* sailed, Gatti took Alberto with him on the *Olympic* while Sebastiano stayed behind and worked in the restaurant. Alberto, with his curly brown hair, light olive complexion, broad shoulders, and vivid blue eyes, must have been an Adonis of the sea.

Gatti knew that Alberto wanted to become an officer on the White Star Line, so he wrote a recommendation for him. By the time *Titanic* was being outfitted for her maiden voyage in late March and early April of 1912, Gatti heard back from J. Bruce Ismay, saying that Alberto could begin training but would eventually need to become an English citizen to work at the restaurant. Gatti arranged for the paperwork that would allow Alberto to train when *Titanic* returned to Southampton in early May of 1912.

Alberto's uniform changed from the waiters' uniform of Gatti's school to the crisp uniform of the White Star Line. On April 10th, 1912, the day Alberto set foot on *Titanic*, he must have felt as though she were the most wonderful ship he had ever seen. According to Eaton and Haas, Gatti took his employees under his wing and mentored them to be the best of the best in culinary arts. I like to imagine that Gatti was proud of the boys and treated them like family. In the wireless telegram that Zio remembered his mother reading to the family, Sebastiano—also on *Titanic*—told his mother he felt right at home. Sebastiano was happy to be making his own way in life. The boys' parents were proud that they were working on a great ship but ashamed that Alberto wanted to become an English citizen.

On April 14th, 1912, at 11:40 pm, *Titanic* struck an iceberg hard to starboard, filling five of her compartments. In a little over two hours, she listed her bow. The majestic ocean liner broke into three parts and shot straight down into the sea, leaving her bow, stern, and a hundred-and-twenty-ton part of her mid-hull section resting on the ocean floor. *Titanic* was now two miles under the Atlantic Ocean, ninety-five miles from the harbor of Halifax, Nova Scotia.

Alberto and Sebastiano Peracchio foundered with *Titanic* that fateful day, along with Luigi Gatti and his crew of fine young men. While Gatti, as I knew, was buried at Fairview Lawn Cemetery, the boys' remains were never found. It was rumored that non-English citizens were locked in their compartments by the English seamen when the ship was sinking. The report has not been confirmed, but the thought of the brothers trapped in that way was heartbreaking.

After their deaths, the Peracchio brothers' family grew angry at the neglect of the ship and *Titanic's* management. They wanted nothing to do with the White Star Line or the name of the ship. *Titanic's* name was stricken from their household, never to be mentioned again. It took Modesto Peracchio, a boy who was only four years old when his brothers died, to find out what their lives had involved before they set sail.

Despite having solved the mystery of Alberto and Sebastiano, I continued my journey, reading and researching while my children were small, and I continue today. My daughter, Andrea, is now twenty-six years old, and my son, John—born in 1988 during all of this research—is now twenty-three. What better gift for them than the records that would bring their uncles' legacies to them?

During the summer of 1990, I wrote to Lord Lewin of the Maritime Museum in Southampton. I explained that I was looking for any documentation about the boys. Lord Lewin was gracious enough to connect me with the Maritime Hall of Records, which sent me to the Public Records Hall in Richmond, London. My prayers and Uncle Modesto's were answered as I learned the location of their documentation, which is there for me to view and collect in the reading room. When my family and I venture to England, it will be my pleasure to complete the journey of brothers Alberto and Sebastiano Peracchio and bring the documents home with us.

My own journey continued in November 2005, when I called David Walker of the *Titanic* Exhibition in Orlando, Florida. I told David that I was traveling to Florida in January of 2006 for a lecture about my books—I am the author of *The Quest for Excalibur, Excalibur and the Holy Grail, Excalibur Reclaims Her King,* and most recently a memoir: *Living With Rage: A Quest for Solace*. I had the honor of meeting David and touring the exhibit where I had the first-time privilege of seeing some of the artifacts from *Titanic* herself. I was mesmerized.

After the tour, David invited me to coffee in his office, and we spoke about the boys and my work. He was quite interested and told me that as her 100th anniversary approached, he would be interested in including the brothers' story in his exhibit. He asked if I had any pictures of them. Unfortunately, I did not. The one photograph I had seen years earlier on Zio Mo's mantle had either been lost in the shuffle or was thrown away after Zio passed on. David was tremendously accommodating, diving into the archives of *Encyclopedia Titanica* and *Encyclopedia Britannica*, to find the photograph featured on the cover of this story. My heart sang as I looked upon Alberto and Sebastiano. In their faces, I saw Zio Mo.

For me, *Titanic*'s maiden voyage will never end. Her stories, and those of her passengers and crew, have not fully been told. Those who love her will never forget the pleasures she gave for a short while and never stop seeking more knowledge of that fateful night.

May Alberto, Sebastiano, Modesto—and *Titanic* rest in peace.

For now Titanic your maiden voyage will fly
Among the clouds—to bring the souls of those within
your guardian angels guide thee home

Five Years Later

It is one o'clock in the afternoon here in New York City. I am looking out of the window of my educational agency, The Excalibur Reading Program. It is snowing. There is a peaceful silence in the room as I watch the white snowflakes cascade down from the sky. The ground is covered in a white blanket. I have the score from the movie "The Patriot" on my entertainment player. The clarinet, violins and drums of the symphony are taking me to a place I have not been for a long time; writing.

Within the agency I founded, my staff and I work closely with a diverse group of children; children with special needs, socially challenged youth, and students who need enrichment to attain a higher education. Within my community work, I have also worked with the District Attorney's office, mentoring at-risk young men and women who have been incarcerated. These young adults are my heart, and it is a pleasure to know that through mentoring and believing in them; they are rehabilitated and now adults who are either in college, or have gone into the military.

Through the years, my center that I love and that I am passionate about has taken much time and energy from my personal life, and from my love and gift of writing. My story writing became words on the page for my center; composing letters for funding, grants for students to attain specific personal programs, and for partnerships with schools. I began to write newsletters for various organizations dealing with issues of domestic and sexual abuse; as I am a survivor of both.

It was two years ago that I met my friend Ashley Franklin, who was my Executive Editor at that time, with Angelica Harris Inc. Little did I know the angels had a gift for me in Ashley and she encouraged me to write for a newsletter she had volunteered to chair for—an organization named National Partnerships to End Interpersonal Violence Across a Lifespan (NPEIV). Ashley heard my story on a call, and wanted to speak with me personally and encouraged me to write on a more personal level for the newsletter. We became friends. Some time passed and Ashley approached me that she wanted to work with me to help me with my causes. We began to talk more in depth about my work and when I needed someone to help me go back to my writing, and get out there again in the public, Ashley was there to encourage me and lead the way … I am eternally grateful to her.

You might ask yourself as you are reading this …"What does *Titanic* have to do with newsletters, education, and violence?" The irony is, she has to do with all of these topics.

Titanic is a piece of our modern history, and has been written about at length in many newspapers, books authored by Master Historians of her legacy, and has become a topic of education in schools, universities and *Titanic* societies around the globe. She is also the topic of many Hollywood blockbuster films. When it comes to violence, *Titanic* met her death in a violent and tragic manner. Her beautifully crafted iron black hull plates were slashed by a sharp iceberg deep in the Atlantic Ocean. She was speared mercilessly on April 14th, 1912.

It was through my membership on social media pages that I met my friend and fellow *Titanic* brother, historian William Brower, author of *Titanic and Beyond*. William and I met on a chat room. Before I knew it, we were talking about our mutual love for the ship and our lineage with the Great Lady of the Sea: RMS *Titanic*. William spoke of his love for his grandfather, endearingly named Apple. He taught him as a boy about *Titanic*, and he was hooked on her windlass since. I told him that I was seeking information about my uncles Alberto and Sebastiano Peracchio who were crewmembers on the ship and before you knew it we adopted each other as *Titanic* brother and sister. A year later William invited me to speak at his personal *Titanic* exhibition at the Plantation Historical Museum. I had acquired many years of research behind me about *Titanic*, and I needed a book to present at the 100th Anniversary Exhibit of the Foundering of *Titanic*. It was William who encouraged me to put together a booklet for the event.

I began to write the first edition of this book, *Titanic: The Brothers Peracchio—Two Boys and a Dream*. I became involved in many *Titanic* societies and organizations.

Within the next chapters and the photomontage, *Titanic* and I are about to bring you forth into our journey.

"Let's take her to sea and see what she's got, Lieutenant Murdock," said Captain John Smith right before the whistle blew and *Titanic* set sail from the docks of Southampton, England on April 10th, 1912.

Joining the Links of Titanic's Family Chain

Little did I know, nor did I dream, that *Titanic's* maiden voyage would continue through the historians who researched, and grew to know her. For that matter, family members who became historians by default, such as myself.

Historians for one grew to know her through the years. From the days that she was built in Harland and Wolff shipyards in Belfast Lough, Ireland to her launch on May 31st, 1911, and ultimately her demise, April 15th, 1912.

It was in 2006 that I took a trip to visit my brother and his wife in Winter Garden, Florida. My brother and I had not seen each other in nearly four years and it was a wonderful reunion for both of us. Before I left New York City to venture south I contacted via e-mail both David Walker and G. Michael Harris at *Titanic—Florida the Exhibition*. At that time, I was still knee-deep in searching for the whereabouts of Zio Alberto and Zio Sebastiano. I had told the researchers that I was coming to Florida for a vacation and they responded with an invitation to the exhibition not only to see them, but to visit the museum and view the artifacts brought up from two and a half miles down in the abyss of the Atlantic Ocean.

To my surprise David called me the day before I was to leave.

"Hello!" I said upon answering the phone.

"Hello, is this Angelica?" asked the tenor voice on the other end of the line.

"Yes, I am Angelica."

"This is David Walker from the *Titanic* Museum."

My heart skipped beats.

"Michael and I are looking forward to meeting with you this week. Do you know what day you will be coming in to see us?" My heart skipped a few more beats and I replied," To be honest, I am not sure. Before I leave in the morning, I can speak with my brother and find out."

There was a short chuckle in his voice, and then he said.

"The day you come to see us, there will be 3 complimentary tickets at the box office for you all."

My breath caught in my chest as I said "Thank you!" and then I felt a smile as big as the heavens, crease my face.

A few days later, after enjoying some family time with my brother, we took the drive to the museum. We were greeted by a docent who was dressed in the costume of a passenger in Steerage. He had a British accent and took us through the museum, telling us the history of the ship. To many tourists, she was just a ship. One made famous by James Cameron, with his Jack and Rose to guide us through *Titanic*. In the Museum one can view Rose's blue striped Edwardian suit that she wore as she embarked on the ship, along with Jack's beige and white shirt and khaki pants that he wore the night of the sinking. There were also many priceless items brought up and put on display, such as jewelry, watches and plates from the ship's dining rooms.

As for me, when I walked through the reproductions of *Titanic's* staterooms, the grandeur of the accouterments of the mahogany furniture, with lace curtains, and high winged back plush chairs, made me want to walk in, put my feet up and just take *Titanic* all in.

As I followed the docent into the À la Carte Restaurant section of the exhibition, I found myself wandering through the pretty arch-shaped pergola-type columns that were etched with green ivy, gold leaves, and tables and chairs to match. I could picture Alberto and Sebastiano with trays in their hands, serving the First Class passengers a great feast.

My eyes followed the clock on the Grand Staircase. Deep in my heart I could feel *Titanic* embrace me with welcoming arms.

At the end of the tour there was a black wall. Etched within its granite were the names of every single crew member and passenger on *Titanic*. As I scanned the wall and came across Zio Alberto and Zio Sebastiano's names I could not help but run my fingers into the crevice of the engraving. I came full circle. Here they were—my uncles, my boys, two young men who would come to tug at my heart for the rest of my days.

"Mrs. LoCascio," said the docent, as we were about to exit the building.

I turned and he smiled. "Would you like to walk up the staircase?"

My heart raced as I said, "Yes, I would."

He led me to the room, unhinged the red velvet rope and I strolled up the intricately-carved wooden staircase and viewed the clock guarded by two figures representing Honor and Glory Crowning Time. The docent, who was told about my visit, treated me like royalty. That day changed my life and my mindset forever.

After the tour, the docent who I learned was named Robert, led us to an outside staircase. "David and Michael are waiting for you, just knock on the door."

The stairwell was a steep outdoor staircase attached on one side by iron bars to the brick and mortar building, and the other side a thin black banister. It was only 15 steps, but my heart was skipping beats and it felt like 100.

I knocked on the door, and a tall broad man with gray hair and blue eyes welcomed my brother, sister-in-law and I in. He stretched out his hand "Hi, I'm G. Michael Harris." Coming from behind was a medium framed man with dark brown hair, blue eyes and a big smile. "Hi, I'm David Walker!"

Here before me were two men I had only read about in my research, but here they were, and I was standing in the same room with them.

The office had a broad oak round table and comfortable black club chairs sitting around it. David gestured for us to sit down, and here I was surrounded by photos of *Titanic* taken from the history books, posters of her maiden voyage, and there was one rather long model of the Great Lady. I felt overwhelmed by it all.

Michael had coffee and tea on, and his assistant Anna brought out a tea set with the White Star Line logo on it and served us coffee or high tea with scones. Once again, I felt like royalty.

From that moment on the conversation went back and forth, as to my findings. I asked if they would take a look at a journal I had kept that logged in my research, a letter from cousin Eva with the family names of the Peracchio family and also my conversation with Richard MacMichael.

"Angelica, your research so far is pretty impressive," said David.

"But you do know that Alberto and Sebastiano were not considered official crew and that they were subcontracted with Gatti to work on the À la Carte?

"No, I did not. Zio Mo always told me that his brothers were studying to be officers on the ship."

David actually took my hand and I felt a knot form in my stomach.

"Unfortunately because they were Italian and not official crew they could never be considered."

At that moment a deep sadness filled my heart "I do not understand, sir."

"Angelica, they also could not be officers as they had no formal schooling."

I looked at my brother and sister-in-law sitting across from me and felt tears form in my eyes. This was hard for me to swallow, nevertheless fathom. Why did I not want to believe them?

I again found my eyes gazing on the long model of *Titanic* and wondered how I could go home with this newfound information.

"Thanks for telling me this, David. I know now that I have so much more to do."
"Have you ever thought of going to Nova Scotia to meet with Richard?"
"I did, and plan to in the future."
"You should go," said Michael, "It will be there that Richard and his staff could show you the records you are looking for and also he could take you to Fairview Lawn Cemetery." "My uncles' remains were never found for burial, but I do want to pay my respects to those who are buried there." I explained.

"Who knows, with modern science one day you may just find out if one or both are buried there." David responded.

David placed some books on the table and my family and I browsed through many photos of *Titanic*; from the time that she was just a keel plate to the day she was a full-bodied ship, and ready to take on her wards. It was amazing!

I was drawn to the size of her massive funnels that crowned her decks, to her boilers deep down in the caverns below the decks. She was beautiful and she chose me to be her historian, sister, and friend. I felt honored and very overcome with satisfaction.

My heart and my soul were full. That night at the Italian restaurant, I enjoyed a delicious meal, wine and dessert, feeling relieved that I had completed a big part of the puzzle of my history with *Titanic*.

Wearing the Name of a Legend

In the midst of coming home from Florida, and knowing that my research about my uncles were enriched and validated by my meeting with David and G. Michael, I began writing my third fiction novel titled *Excalibur Reclaims Her King*.

My Excalibur book series is the legend of Arianna Lawrence, who unearths the sword Excalibur in England at the Lake of Avalon. The sword takes her back in time to the 6th Century where she meets King Arthur and Merlin. After witnessing the demise of Arthur at Camlann Bridge in Wales, Merlin bequeaths onto her the Guardianship of Excalibur; hence, Arianna, through the tutelage of Merlin, the Druid High Priest, Arianna becomes a powerful High Priestess. In book three, Arianna raises King Arthur from the untimely death he endured at the hands of his son Mordred, and was raised from the dead in a Druidic ritual. And so forth for the Bardic King to attain his Holy Quest in Third Century Rome.

Book four of my series is currently in my computer and once this book is complete I will go back in time to my King, and bring him home again. I have often felt as though my Excalibur book series and *Titanic* have paralleled each other. Where Merlin gives Arianna the guardianship of Excalibur, so did Zio Modesto give to me the guardianship of his brothers. I am humbled to do so.

In-between writing my third book I began to write articles about caring for two special needs family members. My son was diagnosed early in life with Tourette Syndrome, Attention Deficit Hyperactive Disorder (ADHD) and other co-morbid disorders. My husband was diagnosed a few years earlier with Common Variable Immune Deficiency, Tourette Syndrome, ADHD and severe Bipolar disorders. I had my hands full. I opened a beauty salon and that kept my mind off the various ailments to which we had all been subjected. In 2009, my son's issues took a turn for the worse and I had to close my salon.

I was always grateful for my daughter Andrea, who at the time was becoming a young woman as we were coping with her father's and brother's issues. We began to bond and she became my sounding board over my writing, and I over the topics of Marine Life and her favorite show "Buffy the Vampire Slayer". Yes, we both love our vampires.

It was around then, that I was also penning some notes for a journal about *Titanic* that I had thought about publishing. At the time, I felt it was too much of a private family endeavor to make it a public piece of knowledge.

However, *Titanic* had other plans. She would not be silent. I took some money from the sale of my store and consulted with my friend Nick Tonick, who owns Tonick Jewelry Co. in Ridgewood, Queens. The jewelry store has been in business for over 30 years, and has served its community well and with compassion.

Nick created a nameplate out of platinum and gold to wear on my neck. I do admit, that after the jewel was created I did wonder what I was thinking having this made. The minute I placed her name around my neck, I felt as though my sister was with me and I never felt alone as long as she was around my neck. I wore it everyday for almost a year, and then one day someone called me "*Titanic*". Although I was honored to be called her namesake, I decided to take it off, and only wear it around the time of the anniversary of her foundering.

In 2010, I wrote a piece titled *Living With Rage*, my journey through domestic and sexual abuse and raising a child with special needs. The article was well-received and my publisher suggested that I write my memoir with the same title *Living With Rage—A Quest for Solace*. The book was titled after that piece and it seems that from there I was quite busy with building my authorship, my own personal journey and events for my readership to follow. That same year my Dad, Anthony Marchese, passed away at 87 from complications of old age.

In 2011 *Living With Rage* was published and my reputation began to grow. It was the same year that I met my friend William Brower who wrote the forward for my first book, and of whom I mentioned in another chapter. I had no idea that we were connected to *Titanic*. It was through his friendship and his invitation that the first book was written and published for speaking at events such as I mentioned before in Plantation, Florida. All of which spearheaded my speaking career at schools, and other venues of history.

As I began to book my speaking engagements, I started to become better-known within the *Titanic* family. I was invited to join The Titanic Historical Society page, *Titanic*: Current Events, and other chat rooms on social media about the Great Lady herself. The more I spoke about my book, about my uncles, those fellow historians asked to purchase a signed copy of the book, and I would ship to them upon payment.

The monies from the book helped to fund some of the programs at my educational agency. It was as though this endeavor of family history would be a guardian for children who needed help with their education, and I knew that Zios Mo, Alberto, and Sebastiano, were proud to be a part of it. In April of 2015, I had a testimonial exhibition of my personal memorabilia of *Titanic* and my family members.

I was so grateful for my cousins Denise and Dennis Peracchio, Zio Modesto's grandchildren. They were able to help me with some of the family history.

Denise was a bridesmaid in my wedding and when I was a hair-dresser many years ago I created the hair designs for Dennis' marriage to his wife Kama. Although I am not the blood relative of Zio Modesto and Zia Anne, to Denise and Dennis this did not matter. I was married to their cousin John, and took care of their aunt and uncle Doris and John LoCascio, my mother and father-in-law as if they were my own parents. I had two children with my husband, Andrea and John, and to them, I was family, by name, by adoption and after so many years … blood. We are that close, and after all family and blood are thicker than water.

When they gave me their blessing I knew all three uncles were with me.

It was during these times of special occasions that Zio Modesto's sister Etta participated and joined the family on this endeavor, as she was the only living sister of the Peracchio siblings.

It wasn't until I spoke to family members and was told by his sister Etta that since Modesto was young when his brothers passed away, the family had to tell him something, because he idolized his older brothers and wanted so much to be like them. They could not bring themselves to tell him that those boys, he loved so much, were treated wrongly and died in such a horrific manner.

When I began to think about why the truth was never told to him, I thought to myself as a mother who had young children at one time, how do you tell your 4 year old son that his brothers, who he loved, died in vain?

Through the next two years not only did I become more involved in my continued research for my boys, but met family members in Italy through Facebook, and cousins that I never knew existed. One was the youngest brother of the Peracchio clan, Alberto Sebastiano Peracchio, who was born in August of 1912. Noanna was pregnant with her last child when her sons were killed, and she named her baby after the boys she lost. I felt as though *Titanic* and my uncles had put the links of *Titanic's* anchor chain together and created a circle of love and friendship for me, as I did for her.

Last year I met my friend, whom I call Cugino, Claudio Bossi who has written countless historical articles about *Titanic* and also personal books about the 37 men, including the famed Luigi Gatti (his full name is Gaspare Antonio 'Luigi' Gatti), manager of the À la Carte Restaurant on *Titanic*. He heard about my book and contacted me. It was after many hours of networking that I sent him the manuscript of my book. Claudio, who now shares the cover of this book, agreed to translate *Titanic: the Brothers Peracchio—Two Boys and a Dream* into the native Italian from whence they came.

Through Claudio, I have been reunited with cousin Bruno Peracchio. He is the son of Alberto Sebastiano Peracchio. We had met years ago in 1977, when he, his mother, and his wife came to NYC to visit mom and dad. He told me in a chat room that mama remembered me as the 20 year-old girl with the volcanic personality. I will take that as a compliment Cugina.

You never know where a path is going to lead you. As much as I hate to say this, social media outlets are great places to network especially if you have a business or are trying to attain an audience for a work that you are doing.

It was on Facebook that I met Deanna (Dee) Ryan-Meister, and Neil Meister, my designers and advisors for publishing of this book. What began as comments from her on my *Titanic* posts and on our group newsfeeds to my replies, I found out that Dee is the President of Titanic Society of Atlantic Canada, in Halifax, Nova Scotia. I was in shock as that was the exact place where I found my uncles in the first place, at the Maritime Museum of the Atlantic. On Facebook, I had also met Cliff Ismay, cousin of J. Bruce Ismay, owner of *Titanic* in 1912, and the beautiful Denise Vanaria, who plays Mrs. Thomas Andrews for stage and television as the wife of *Titanic's* famed builder who died with *Titanic*. Tony McGuire from Garstang, Manchester United Kingdom has the original copy of my first edition in his private exhibition, and Tom Lynskey, creator of the educational video game *Titanic: Honor and Glory*, asked me to consult on his game for character accuracy. He honored my uncles by adding their avatars to the À la Carte Restaurant in the game.

There were times when I would engage with my fellow historians on Facebook and feel as though I walked through time. Through the people and pictures on the screen, I was in 1912, meeting history and living history, and making new history about *Titanic*.

Yes, since that fateful night April 15th, 1912 much has been discovered, especially through Dr. Robert Ballard who first found *Titanic* in September of 1985, and his passion for *Titanic*. Jason Jr. (JJ) his robotic submarine has been through the rusted hull of *Titanic* many times, and has showed us what neglect, disrespect, and death below a cold sea looks like.

The visions only allow us to see and maybe allow ourselves to engulf the true disparity of *Titanic*. It is through those murky realties that we come to understand what *Titanic* and her wards went through on what was to be her royal celebratory maiden voyage.

Halifax, Nova Scotia—the New World

Ever since I read my first *Titanic* book in high school, I have always wished that I could visit the places that were related to *Titanic*. Living in New York City and dealing with my husband's illness, and the constraints that illness put on our lives — Italy; Belfast, Northern Ireland; Queenstown (Cobh), Ireland; Southampton, England; and Halifax, Nova Scotia, Canada seemed a whole world away to me.

John and I had always wanted to travel with our children, but John's immune deficiency that required specialized treatments, and medications that took a big bite out of our budget, did not allow for us to leave the city without worry of John needing doctors who could take care of him during our time away from home. John and I settled for vacations near home, or we purchased a Timeshare in the Pocono Mountains in Pennsylvania. It was in the arboretum of those precious mountains that our young family bonded and had the most wonderful times.

On June 8th, 2017 this all changed. John and I had dealt long enough with his disorder, and were prepared if we were away and either one of us needed medical help. So, at 7:00 pm this night we were at the gate of Delta Airlines waiting to board our plane bound for Halifax, Nova Scotia.

Writing the second edition of this book has brought into my life many wonderful people and affiliations, including aforementioned Deanna (Dee) Ryan-Meister, president of Titanic Society of Atlantic Canada, and her husband Neil Meister, who are designing this book and helping me to bring it to the public. Dee had invited me last year to attend the commemoration ceremonies in Halifax, Nova Scotia, but we could not make it.

Arriving in Canada

We arrived in Canada at 4:00 am Friday, June 9th. As we walked through customs I noticed the beautiful red and white Canadian flag and the words WELCOME TO NOVA SCOTIA, CANADA. I was exhausted after a long workweek—while packing and working I felt an odd rise of adrenaline rush through me. We rented a car and drove to Cambridge Suites Hotel in downtown Halifax. When we entered our room with a magical view of the Atlantic Ocean, all I could think was "Angelica, you have finally arrived!"

Rain or No Rain—Richard and I Meet at MMA

I HAD SET MY ALARM FOR 7:00 AM so that I could get myself ready to meet Dee, her husband Neil, and the man I had waited for over 35 years to meet—Richard MacMichael, the Senior Interpreter of the Maritime Museum of the Atlantic. I was so nervous I could hardly eat breakfast, let alone have a steady hand to apply my make-up.

The sound of thunder filled the sky above our hotel, and the rain kept tumbling down. I heard a knock on our door, and there was Dee—a tall, dark haired lady whom I had only spoken to on the phone and on Skype, and we embraced each other as though we knew each other forever. We travelled by car, albeit only a 6-block walk to the museum, and as we approached I saw the white building with the multicolored bricks and images of nautical flags around the rooftop, the red entry wall and the words Maritime Museum of the Atlantic.

My heart was racing as I walked in the door. I was cold from the rain, and as I entered the entry lobby of the museum, Dee and I met Tom Lynskey and Matt DeWinkeleer, founders and producers of the educational video game *Titanic*—Honor and Glory, designed to teach the story of the building of *Titanic* in Belfast Lough, Ireland, now known as Northern Ireland; Christine Kuchler from Bismark, North Dakota, a fellow member of Titanic Society of Atlantic Canada (TSAC) who was there for the love of *Titanic*; and Stacy Kline, a Producer with Titanic Channel, who like me was there to research the ship and Nova Scotia for her online video programming.

A few minutes later, in walked Richard MacMichael, a medium-framed man with brown hair, blue eyes and wearing a rather fetching plaid 3-piece suit. My breath caught in my chest and for a brief minute I could not breathe. He approached the group and Dee introduced me to Richard. We embraced each other and I felt as though I was holding my best friend. Dee and Richard gathered the group together for a photo before Richard began our museum tour. As we turned the corner there was a tall silver lamp from the Sambro Lighthouse, the oldest standing and operating lighthouse in the Americas, located at the mouth of Halifax Harbour.

And there on his perch sat the parrot named Merlin, MMA's resident mascot. He was adorable, and of course I had to talk with him. Richard told me that Merlin had his own web-cam for people all over the world to view Merlin and what he is up to every day. In my heart I wondered if King Arthur and Merlin sent him to me.

As we made our way though the museum I could not help but take in the sights and sounds as we listened to Richard talk about the ships that graced the display cases, such as the scale models of the *Lusitania* and *Mauritania*. I could not help but feel as though I was walking not only through my history books about *Titanic*, which had come alive in front of me, but somewhere deep inside, it was as if I wasn't even listening, I was floating above it all feeling as though the floor wasn't even under my feet. I could see, hear and feel everything, but I wasn't there ... but was I really?

Richard led us through the *Titanic* exhibit and when my eyes fell on a model of this great ship, everything in my body seemed to cave in. I was with her, really with her after all these years of reading books, writing letters, writing my first book about the great lady *Titanic* herself and the countless hours of research and findings since I was a 17 year old high school kid, there in all her magnificent glory was *Titanic*, greeting me like a lost sister ... I was home!

Friday evening, after our tour of MMA, our group met with members of the TSAC Board of Directors at The Old Triangle Irish Pub, just a block up from the Museum, for dinner. There to greet us were Vice-President James Somers, a burly man with a handsome beard, whom I knew already, as we were friends on Facebook; Dr. Henrietta Mann and Warren Ervine; and Rob Ryan, Dee's brother and Membership Chair. During the evening, Warren showed us photos of his Uncle Albert Ervine, the 18 year-old engineer who bravely stayed on *Titanic* while her keel and hull plates tore to shreds, to keep the lights on for the passengers and crew, in order for them to have visibility while they fought for the ship and for their lives.

Many other stories were shared, and photos were taken. Dee and I put on our new fleece jackets we purchased at MMA in the afternoon, featuring an embroidered image of *Titanic*, before saying good-night to the group.

Celebrating Halifax Public Gardens and Canada's 150 Birthday

That Saturday I woke up so tired from the long plane trip, and was beginning to feel as though the adrenaline was doing a nose dive, besides a bit of jet lag setting in. But it was a sunny day and the Atlantic Ocean glistened with the sun's rays kissing it good morning. It was time to put on my Edwardian *Titanic* period costume and join my fellow Titanic Society members at the Halifax Public Gardens for the celebration.

My husband John and I arrived about 30 minutes after the ceremonies began; James met us at the gate and escorted us to our group, including Dee, Neil, Christine, Tom and Stacy. Dee wore a beautiful royal purple Edwardian gown adorned with black lace embroidered within the fold of her skirt. She draped a black lace shawl on her shoulders, and wore long black evening gloves. Her husband Neil wore an Edwardian top hat and tuxedo with tails. Tom wore a formal suit purchased at Duggers, a popular men's clothing store in Halifax. Stacy and my husband decided to wear their normal street clothes. A very tall Warren Ervine looked very dapper in a long coat with tails, and black top hat.

In the center of the Public Gardens sat a majestic Bandstand Gazebo that held the master of ceremonies, and a lady dressed as Queen Victoria leading the ceremonies. Surrounding the Gazebo was Canada's Royal Canadian Guards, wearing their brown long coats with plaid kilts, black hats with white feathers, full sheath and sword, and each wore the rank they held within the color of the braiding they wore upon their shoulders. Atop the Gazebo was the Canadian flag with the majestic red maple leaf in the center.

As the trumpets blared, the guards stood and saluted the flag and their Queen, and everyone began to sing Canada's national anthem.

All at once my stomach dropped when the realization hit. "Ang, you are not in America today, you are in Canada". To be honest I cannot remember the words, but I can tell you the melody was beautiful and I stood there not only with respect, but proud to be among these great people who were my country's next door neighbors, but also very much our allies in New York City when our World Trade Center was attacked on September 11, 2001. Canada sent aid and helped us rebuild in so many ways. As a native New Yorker I salute you and thank you all so much for your service.

The festivities ended and our group walked over to Horticultural Hall for a special tour of the Public Gardens with guide Glen Taylor. This place is one of the most enchanting places I have ever visited, laced with trees growing up the arboretum with birds of every species. The community cares for the gardens as though she were the Mother Earth herself. As Dee and I walked through with the group in the middle of the gardens I saw a magical fountain surrounded by a small body of water.

"Angelica, look in the water—what do you see?" requested Dee dressed in her royal purple gown of the gilded age.

My eyes followed the water and right there in the center of Griffin's Pond was a model of *Titanic* floating effortlessly for all to see. I found out that the 9-foot model, built by TSAC member Clary Peters and members of the Maritime Ship Modelers Guild as a group project and presented to the City of Halifax, has graced this pond every Spring–Fall for the past 22 years, and is removed late Fall for cleaning, refurbishing and storage. She was gorgeous!

"Come take a picture with me," said Dee, and we stood by the embankment with *Titanic* in the background.

As we continued with the group and took rest on the benches we were met by some of the youth of Canada who were dressed in the costumes of the Royal Mounted Police, each of them bore a tray of mini cupcakes for all to partake of its sweetness. They were delicious to eat. The community came together and baked an abundance of these treats for everyone who visited that day. To me this was a pure labor of love for their country people and for visitors like me.

The morning went quickly and before you knew it was lunchtime. Neil suggested that we visit the newly constructed Halifax Central Library and sit on the patio atop the 5th floor for lunch. The library is a six-story modern building; each floor is askew as the floors are carved to look like an uneven stack of books, decorated with mirrored colors of blue, and red and silver. It shines in the sun like a star.

Before lunch Dee took me to the Local History Room and we viewed the many books about Nova Scotia and of course *Titanic*. By this time next year this book will be gracing its shelves and I will be humbly blessed.

We grabbed lunch and then walked out to the patio. Before we sat down to eat, Dee and her brother Rob pointed out the majestic view of Halifax and the Harbour. From that view one can see the ships sailing the waters, St. Mary's

Basilica's steeple and the steeple of St. Paul's Anglican Church, where many of the *Titanic* victims were given the rites of Christian burial.

We enjoyed our lunch and then my husband John, Dee, Neil, Bob, and James all stood and took pictures with the city of Halifax and the great Atlantic Ocean behind us. They are included in the photomontage of this book.

TSAC members pose during the 150th Halifax Public Gardens Birthday Party, June 10, 2017: Ellen Harrison, James Somers, Tom Lynskey, Neil Meister, Dee Ryan-Meister, Christine Kuchler, Warren Ervine, Henrietta Mann, and Angelica.

An opportunity to have our photo taken with 'Queen Victoria and Prince Albert' while walking the Gardens grounds.

44 TITANIC · THE BROTHERS PERACCHIO

Mount Olivet, Fairview Lawn and Baron de Hirsch

A FEELING OF DREAD FILLED ME emotionally as we left the library and headed to the cemeteries for memorial services. After viewing the artifacts of *Titanic* in the MMA, and especially seeing the small shoes of the Unknown Child, my heart was racing knowing that within a few short minutes I would be in Mount Olivet Cemetery where 19 of *Titanic*'s victims were buried, both identified and unidentified.

As we enter the cemetery, a sign caught my eye and I felt my heart skip a beat. It read *Titanic* Grave Site.

Dee gathered us all around the grave markers, and to those who like me had not visited before, began to explain how each body was found, and how they were duly marked. Four of the graves are of staff members in the À la Carte Restaurant. Henri Marie Jaillet, born in France, from London, England, was Pastry Chef; Batiste Bernardi (also documented as Bernardi Giovanni Battista) was from Roccabruna (Cuneo), Italy; Maurice Emile Debreucq was also born in France, but lived in London; and Pompeo Gaspro Piazza was of Italian descent, but lived in London as well.

Our friend and fellow TSAC member Christine Kuchler stood with us in her full *Titanic* regalia—a traditional Edwardian day dress. Her gold and black lamé jacket shone in the sunlight, with the hem of the jacket joining the dark grey skirt with black dots, that draped down to her black ankle high top heels. Upon her head was a black velveteen hat with a raven feathered plume. Her rendition of Psalm 98 was such a gift to all of us.

Dee then began the invocation. She spoke of the importance of each person who sailed on *Titanic* and how each of them were identified or not, duly laid to rest with reverence and honor. Many of us held back tears as she led us in prayer. We then placed a white rose on each of the 19 *Titanic* graves. I had the honor of placing a white rose on the grave of Batiste Bernardi, who worked with my uncles in the À la Carte.

Joe McSweeney, a local tour guide and TSAC member with a vast knowledge of Mount Olivet Cemetery, spoke of how the cemetery was founded and how each *Titanic* victim was found and given a proper burial.

We departed Mount Olivet, and a few minutes later my eyes fell upon the FAIRVIEW LAWN CEMETERY plaque on the entry road.

"Angelica look to your right", Dee instructed. I turned and there it was—right before my eyes in living color—the image I had only seen in history books. My hands began to shake and draw a cold sweat. I opened the car door and as I placed my foot on the ground, my heart began to race again. Dee took me by the hand and led me in, and as I write this today I have tears welling in my eyes, there in front of me was the name etched in black gabbro stone, LUIGI GATTI. Dee smiled at me and I hugged her so dearly.

"Dee, I am with him aren't I?"

"Yes, you are", she said as I touched the gravestone, warm from the day's sunlight shining on it.

I felt my eyes follow the canopy of the cemetery into the maple trees of the Canadian country, and I said to the heavens "I am here as promised Zio Mo, and look Zio Alberto, Zio Sebastiano ... Look I am with Zio Luigi."

If you don't believe in God, I feel badly, because in that second I felt all of them standing right there next to me welcoming me and I could feel their joy.

Dee began the memorial service by welcoming all to the sacred *Titanic* gravesite. I then read my poem about the demise of *Titanic* right next to Luigi's grave.

> *For now Titanic your maiden voyage flies*
> *Among the clouds and starry night*
> *To bring the souls of those within*
> *Your guardian angels guide thee home*
> *For now to heaven's rest*

When I read the last words of the poem all I could think of was that my research was complete. After 41 years, I was finally here with Luigi and I knew the second edition of my book was going to have a meaning to me and hopefully to others who read it, that even though we die if someone ... just one someone remembers us, then our legacy lives on forever.

Dee again led us all in an invocation at the site where 121 *Titanic* passengers and crew are buried, and again some were identified and others were not. She laid a bouquet of white roses in honor of those buried, at the grave of James McGrady, First Class Saloon Steward, and last *Titanic* victim to be buried in Halifax on June

12, 1912. As we stood around the area near Luigi's grave, Dee, tour guides Donald Rankin and Joe McSweeney, and author Alan Ruffman (TSAC members), led us in the histories of many of the men, women and children who died on *Titanic*.

The one story that kept tugging at my heart was that of the unknown child whose body was pulled from the icy waters at the hands of the experienced crew-members of CS *Mackay-Bennett*. But a new twist of the story was given at Fairview Lawn when Donna Spicer, another local tour guide and TSAC member with a keen interest in *Titanic*, took over the story-telling and told us that since the new DNA technology came in scientists were able to exhume the body of the unknown child and remove some DNA from his thigh bone and teeth. It is called mitochondrial DNA. It was with this special test that they were able to identify the child; his name is Sidney Leslie Goodwin. It was only a few years ago that Sidney's family was reunited at the grave of Sidney to honor him and pay tribute. Sidney's family did not want to have his name etched on the Unknown Child grave marker, as they prefer that his grave represent all the children who died on that fateful night in 1912.

Reading my poem *Titanic—A Maiden Voyage Among the Clouds*, during the memorial service at Fairview Lawn Cemetery, as local Titanic historian Alan Ruffman looks on.

A Requiting Sunday

It felt as though John and I had just arrived in Halifax, and it was Sunday already. This was the day that I was going to give my presentation at MMA during the TSAC general meeting, on the book and the many years of research.

That morning John and I went to the 11:00 am Mass at St. Mary's Basilica, where the first Catholic funeral was held for one of *Titanic*'s victims in May of 1912.

The ambiance of the church is Byzantine, and is such a holy place of worship. Right after Mass my stomach began to churn, I had 2 hours to get changed and head over to the MMA to meet with my fellow members to give my presentation.

Speaking at the MMA

We gathered in the Meeting Room upstairs across from the shipbuilders exhibit, and Dee began the meeting. She led us through the history of the Society—a very young Society, formed just 4 years ago, in early 2013. Yet through the love of *Titanic*, the society has grown, and has become a well-known community not only in Canada, but worldwide.

Tom and Matt spoke about how they founded the video game Honor and Glory, and their intention to create a game that is entertaining and educational about *Titanic* and her history. Stacy spoke next, about the Titanic Channel and the daily episodes that channel shows. She and I plan to sit down next year to talk about my story that will be told on the channel.

I was up next, and honestly I was quite nervous that day. I had never used a PowerPoint to present my stories, but today through the help of my friend Tommy Murawski, a former student of mine who assisted in layout of the presentation, I was well-prepared.

It was amazing to be there to speak with my fellow members and present the fruits of my work, about my uncles and how they came to be on *Titanic*.

It was during these days that I became friends with Dr. Henrietta Mann, a fellow TSAC member and Board member. Dr. Mann is the scientist who named the bacteria that is causing rusticles to form on *Titanic* in the abyss. It is called *Halomonas titanicae*.

That Sunday night we gathered at the Baron de Hirsch Cemetery, a private Jewish cemetery located next to Fairview Lawn, to visit the 10 victims who are laid to rest there. I had the honor of placing a stone on the grave marker of one of the victims who unfortunately was not identified. To be honest, you can hear them calling to you asking you "Where am I?" My heart felt a great pain as I looked down on their gravestones, and I heard within my heart "Please find me!"

Presenting at the TSAC General Meeting, Sunday afternoon, June 11, 2017 at MMA.

An Adventure Through Time and Titanic

That Monday Dee and Neil picked me up at the Cambridge Suites Hotel for a tour of the *Titanic* and related sites in Halifax and in Terence Bay, located 35 minutes outside Halifax. Joining us were Tom, Matt and Stacy; we were there not only to enjoy the sites together, but to also research for our pending projects.

Our tour began at St. George's (Anglican) Round Church where administrator Jordan Gracie graciously gave us a tour. The church, built between 1800 and 1812 with funding from the British royal family features neo-Classical Palladian style architecture, and is located on Brunswick Street in downtown Halifax. The funeral of the Unknown Child (identified in 2008 as Sidney Leslie Goodwin) took place at St. George's on May 4th, 1912. The crew of the Cable Ship *Mackay-Bennett* organized the service for Sidney Goodwin, and paid for the headstone and other related expenses. The church experienced a fire on June 2nd, 1994, causing the dome to crumble and destroying approximately 40 per cent of the building The fundraising effort received a donation from Prince Charles, who had attended service at the church in 1983 with Princess Diana.

Jordan took us around the church and we even went up to the bell tower where I had the chance to pull on the cord. The chime of the bell rang out with joy and I felt like a child on Christmastide and of course had to ring it again, and again.

We then visited St. Paul's Anglican Church, the oldest Protestant Church in Canada, built in 1749. It is located at 1749 Argyle Street, in the Grand Parade. A large memorial service was held for the victims of *Titanic* on April 21st, 1912. George Wright, a local businessman and passenger on *Titanic* whose body was never found, as well as Hilda Mary Slayter, a passenger who survived, were parishioners of St. Paul's. A display containing information about George, Hilda, and the response by Halifax to the disaster, is located at the back of the church.

George Wright's home is located 989 Young Avenue, near Point Pleasant Park. Mr. Wright was a millionaire at the time of his demise. Before he boarded *Titanic* as one of her first passengers to sail on her 'famous' maiden voyage he willed his mansion to the Local Council of Women, and monies to help fund the local YMCA.

Monday just seemed to keep on giving. After we left St. Paul's we crossed Argyle Street to view Hilda's family home during her younger years, on our way to visit the Five Fisherman Restaurant and Grill for lunch a few doors down.

The restaurant now occupies the space where Snow & Company Undertaker was located. Snow's funeral home housed many of the bodies that were brought in from the CS *Mackay-Bennett*. The beautiful eatery, just reopened after an extensive renovation, is decorated with wooden accoutrements, long glass mirrors that hang from the columns that support the building, and a modern bar with all the trimmings for a great night out.

We all had a delicious fish dinner at "The Little Fish" on the main floor, then toured the restaurant. Upstairs is the more formal restaurant where parties and weddings are held, and the place has a modern feel of wood and glass, with the wine bottles encased within tall glass doors. Each bottle stands on its shelf with the label displayed so that the client can choose the right bottle for their party.

It was in these modern rooms where the bodies taken from *Titanic* were embalmed and made ready for their prospective funerals. Do you remember the unknown child? He too came to be in this once-revered place and was cared for by so many, along with Luigi Gatti, John Jacob Astor, and many more.

Many of the waiters and waitresses attest that the place is haunted. Ghosts walk the rooms upstairs moving things about and making appearances to them. There is a story of the little girl's ghost that shows up haunting guests, especially those who are in the 'ladies room'. It has not been determined if she was indeed a child from the Second Class passengers on *Titanic*.

After lunch, on our way to Terence Bay, Dee and Neil arranged for us to visit the new and very modern J A Snow Funeral Home. I met Mr. John Snow himself, the grandson of Mr. John Snow Sr. who owned and founded Snow & Company Undertaker on Argyle Street in 1883. Halifax's oldest funeral home is now located in Clayton Park, Halifax.

Mr. Snow invited us to enter the '*Titanic* Room' a room where he helps his clients plan funerals for their loved ones. In the room are photos of *Titanic*, and the original Snows Mortuary. I took many pictures and I had the honor of speaking with him personally. He is a gracious man, proud of his lineage and the work his family did for the community.

After we left Snow's we headed to Terence Bay. The area leading to the SS *Atlantic* Heritage Park was vast in green foliage, and deep into the terrain.

Terence Bay, near Prospect Bay, is where many ships unfortunately found their doom. The bay is connected to the Atlantic Ocean. On April 1, 1873, the SS *Atlantic*, a White Star ship met its demise in Prospect Bay, southwest of Halifax, Nova Scotia and east of Peggy's Cove, Nova Scotia at the south end of Marrs Island.

The SS *Atlantic* came too close to the rocky bank that tore her wooden hull to shreds. Every member of the crew perished and the bodies floated to the white and brown boulders along the embankment. No women survived, and all children perished except for 12 year-old John Hindley. The wreck of the SS *Atlantic*, at an average depth of 50 feet below sea level, is a popular scuba diving site.

Matt, Tom and Stacy recorded a video there, as Dee and I took photos of the area, including the monument erected by the Ismay family, for this book and other reference materials. We then had tea in the SS *Atlantic* Heritage Park Interpretation Centre and Museum. We were able to view the artifacts from SS *Atlantic*, including an original White Star flag, and plates, with one in particular bearing the White Star Line logo. It was reminiscent of plates that were on *Titanic*. I did notice the sign that said "do not touch" but I admit that I was compelled to touch the plate lightly and then say a prayer for my uncles and the crew of the À la Carte.

That night all of us enjoyed some down time. My husband and I had a quiet dinner at Caverns Restaurant in the Cambridge Suites Hotel where we were staying.

Visiting the monument, donated by the Ismay family in 1905, to the 563 passengers who perished on SS *Atlantic*.

Tuesday with TSAC at the MMA

On Tuesday, John and I took some time for us, and to be honest, as much as I wanted to be with Dee, Neil, and everyone else I was exhausted, and if I was going to speak to the public at the Maritime Museum of the Atlantic hosted by Titanic Society of Atlantic Canada, I needed to be rested.

Dee made arrangements for me to speak in the theatre where everyone could view my presentation on the big screen. That evening I wore my period costume —a teal Edwardian style dress with a rose brocade that cascaded down the apron, and along the sleeves. The dress tied in the back and on my waist above the nape of my back was a beautiful full bow that resembled a bustle. Wearing the dress at the MMA, I felt completely and absolutely as though I was my character Arianna Lawrence in my Excalibur book series, transported back in time to 1912.

This was the very first time ever that my 41 year research was viewed as a whole, in chronological order. Within the PowerPoint my audience could see pictures of my very handsome uncles, as well as photos of Fubine, Alessandria, Italy and documents from *Titanic*, Italy and America of their employment on *Titanic*, their duty roster and status on *Titanic* herself.

Standing in that theatre, I could feel my story pour out of me. An unknown story of two boys who were making their way to America for a dream of a better life, now made known to the world ... At least a small part of it.

Many members of the community and my fellow TSAC members attended and after my presentation and question and answer forum, they held a book signing for me where I signed the first edition of this book. I could not have been more honored and felt more humbled at the same time.

Today when I think back to that evening, what better place than the MMA and Halifax, Nova Scotia, where *Titanic* lives within the walls, the breath of the sea and in the hearts of many to present their story and mine.

For me this night was a miracle in its own right.

The Nova Scotia Archives

It was Wednesday and the week was going way too fast for me. Dee arrived at my hotel after breakfast, and Dr. Henrietta Mann joined us at The Apothecary Café on Barrington Street before meeting with Stacy. We were then on our way to the Nova Scotia Archives, located at 6016 University Avenue, near downtown Halifax.

The building is constructed of brown and blonde bricks that overlap like shingles, that gives the outside façade a three-dimensional effect. It stands 3 stories high and the front of the building has a tall rectangular shaped windows corniced with black granite shingles. Stacy had a 1:00 pm appointment that day with Garry Shutlak, Senior Archivist and Historian.

Nancy, a lady with short gray hair, a cream complexion, and wearing a gray and black suit greeted us at the front desk.

"This is Stacy Kline from the Titanic Channel, here to see Garry," said Dee.

She turned and pointed to me. "This is Angelica Harris, she is doing research to write her book about her uncles who worked in the À la Carte."

Nancy shook my hand and pointed to the round table on the main floor of the archives.

"Garry should be down in a few minutes."

The room was bare and uncluttered by ornate items. The only furniture visible in the room were three wooden round tables, comfortable chairs around them, and on the left side of the wall were lockers for the employees. On the left sidewall were empty display cases, for special exhibits. On the other side however was a spacious room with birch and maple paneling. The room was crowned with a skyline ceiling, and beige carpeting on the floor. Surrounding the walls were unopened wooden creates that housed historical art work to be displayed for a future event.

A rather broad man wearing a black shirt and tan pants, with gray shoulder length hair, light skin and blue eyes came through the back doors.

"Hi Garry!" I heard Dee say as she beckoned me to come over.

"This is Stacy Kline and Angelica Harris." As I approached he embraced Dee, and then Henrietta. He then turned to shake Stacy's hand, then mine.

Garry then gestured for all of us to sit at one of the tables and before I knew it, writing pads and pens were spread on the table along with water bottles.

"Garry, can you tell us about the history of *Titanic* and the Archives?" asked Stacy.

Garry smiled at Stacy and all of us. He then took a breath and replied,

"This place is well-known around the globe to hold the original coroner's records of every *Titanic* victim."

We all sat at attention.

"Interesting," said Stacy, "Please go on."

Garry took a cleansing breath and began. "The documents of all the *Titanic* victims are detailed from their salvaging on the *Mackay-Bennett* and the *Minia* as they were raised from the water and were numbered as they arrived and were brought to Snow's for preparation and burial."

I looked at Garry and then found my eyes on Henrietta who sat next to me. "It is too bad that two of those men were not my uncles Alberto and Sebastiano."

"I will tell you more about them Angelica; let me tell Stacy a bit more about what is in the walls here in the Archives." He then turned to Stacy as we all listened.

"Stacy, we also have the papers from the victim's families who were able to give proper records of their family members, to be recorded in the archives history section."

"Can anyone read these documents?" asked Stacy.

Garry gave half a smile and brushed his long silver hair from his face. "Oh yes, these files can be viewed on-site or online. All anyone has to do is ask."

That day the conversations around the table went back and forth, from *Titanic*, to other ships such as the *Lusitania*, *Olympic*, *Mauretania*, as well as the White Star and Cunard Lines. It was an amazing day filled with history, of the ships from the White Star Line and to the shores of other countries. Garry was a gracious man and most knowledgeable too. He enlightened me about my uncles and how they died on *Titanic*.

When I heard his side, I nearly wanted to either scream or cry right there at the table. Theirs was more of a horrific death than I thought it was, and from that moment on, not only was I feeling angry and traumatized, but a deep mourning befell my soul and that sullen feeling came home with me.

Halifax Explosion In the Narrows

Thursday, June 15th was our last day in Nova Scotia, and I spent the good part of the night before packing so that we could enjoy Thursday at the Maritime Museum of the Atlantic for the opening of the exhibit Explosion in the Narrows. The exhibit was in memory of those who perished on December 6th, 1917 when two ships, the SS *Imo* (a former White Star ship christened *Runic*) and the munitions ship SS *Mont-Blanc* collided in Halifax Harbour.

The exhibit was the epitome about how, although 100 years have passed, the effects of the collision is still felt today.

The exhibit showed the massive damage the Narrows and the city of Halifax suffered. Homes, businesses, and schools were completely destroyed and the loss of life was catastrophic. Thousands were injured, with many suffering from wounds caused by glass shards. The explosion also wiped out the Mi'kmaw community of Turtle Grove (also known as Turtle Cove), in an area near Tufts Cove, in Dartmouth, located across the harbour from Halifax.

A memorial quilt, created by Laurie Swim and titled *Hope and Survival: The Halifax Memorial Quilt*, depicts the monumental loss the area endured. The Scroll of Remembrance lists the names of the 1,962 people identified among the perished, in both English and Braille. The identification method, adopted by the community, was used by Snows Funeral Home, and the crews on the *Mackay-Bennett* and *Minia* after the *Titanic* disaster. (Excerpt taken from the exhibit brochure.)

When I stood there listening to the stories of the historians it was as though I was thrust forward in time to 100 years from now — to September 11th, 2101— when our grandchildren will be the ones to talk about what we went through that day when our World Trade Center fell from a terrorist attack.

After the event came to a close, Dee, Henrietta, Stacy, Neil, and my husband John were all hungry after a long afternoon. We decided on an early dinner at The Henry House, a two-and-a-half-story stone house designated as a National Historic Site of Canada, located on Barrington Street.

We all had a wonderful dinner and shared many stories from the week. Stacy was heading back early in the morning to her hometown in Nashville, Tennessee. John and I too were heading home to Queens, in New York City. Dee, Neil and Henrietta of course would remain here in Halifax.

It was quite an emotional and tearful good-bye at the door of The Henry House, as we made our departures.

Models of SS *Mont Blanc* and SS *Imo*, depicting the moment of impact that caused the Halifax Explosion, displayed at the entrance of the Collision in the Narrows exhibit, Maritime Museum of the Atlantic.

Leaving Halifax

It was 2:30 in the morning on Friday, June 16th. I stood at the window in my hotel room, looking into the well-lit night horizon on the Atlantic Ocean beyond Halifax Harbour, and the city that welcomed John and I with such open arms. We would leave the hotel at 4:30 am; our plane was scheduled to leave at 6:10 am. My heart was aching, and from the look on my husband's face as he came out of the shower, he too was not happy to leave.

We each grabbed a cup of hot coffee and some cold cereal, dressed and finished packing our suitcases.

John checked out at the hotel main desk, returning with a luggage rack. We entered the elevator and said nothing to each other.

I waited for John to pick up our car rental at the garage, placed the luggage in the trunk, and with reluctance I gave in my room key to a young man named Derick.

"Thank you Derick for a beautiful time here at Cambridge Suites."

The young tall and handsome African-Canadian man said, "Hope you come back very soon."

I smiled back and said, "Hopefully next June."

Before I opened the door of the car, John grabbed me and gave me a big hug.

"Do we have to leave?" he asked and he kissed me on the cheek.

I just hugged him back, said nothing and got in the car.

Driving up the road towards the Halifax Citadel all I felt was a hurt filling my stomach—I had such a great time, yet I was feeling so sad to leave.

The roads opened wide to John and I as we passed the sights and sounds of Canada, and we arrived at the airport too soon for both of us. We both went through security and customs and as we sat at the gate, I looked out into the sun beginning to rise over the eastern sky and realized that I was looking toward home.

The ground steward's voice came over the speaker. "We will be boarding soon for NYC."

As our boarding passes were checked and we began to walk to the outer gate for the plane, all I could think of was the grave of Luigi Gatti and little Sidney Goodwin. In my heart I said 'good-bye' to them and boarded my plane.

As we taxied to the tarmac John and I grabbed each other's hands. We both looked at each other and took a deep breath ... "Home." John said, and I could see some unshed tears in his eyes.

There were two things I knew were evident in my heart when I got home.

One was that I have to give honor where it is due. Halifax, Nova Scotia is one of the places where angels live. I had the honor to walk the streets of this place of death and celebration and know that no matter what happens, the people here are cordial and hospitable to all who enter their city. During the dark days after *Titanic* sank, her people gathered what they could to make sure that the victims had clothes, to be buried in a dignified manner, coffins to be laid to rest and a place of worship to remember their lives and put their souls to rest in a peaceful sleep. I am honored to know this place and to now be a part of her history.

Secondly, at this time next year I plan to return to launch this book in Halifax. Those were the two heart-warming facts that got me home.

Returning to Halifax, One Year Later

In June 2018, I was proud to launch my book at the Titanic International Society and Titanic Society of Atlantic Canada's joint International Convention held at the Lord Nelson Hotel, in Halifax, Nova Scotia. During the 4-day event I met delegates representing 11 countries, including United Kingdom, Germany, Austria, Sweden, Portugal, South Africa, Estonia and Israel, United States and Canada. I had the pleasure of meeting Charles Haas, President of TIS, whose book *Titanic: Destination Disaster*, co-authored by John P. Eaton, was instrumental in helping me find my uncles' whereabouts in England. I also had the opportunity to meet the Mayor of Halifax and Minister of Immigration. I visited some familiar *Titanic* sites, and visited others for the first time.

Meeting my hero Charles Haas for the first time, during the TIS–TSAC International Titanic Convention in Halifax, June 21, 2018.

EPILOGUE

Remembering a Dream that Became a Nightmare

Zio Modesto had no idea when he asked me to find his brothers that he had given me a gift. But it was not your ordinary present, one that you unwrap. This was a gift of priceless awakening for this niece not only to understand her uncle's wishes, but to know and acknowledge that two men as young as Zio Alberto and Zio Sebastiano can have a dream of a better life for themselves and for their families. For them, it was to work on ships, make a living and see the world. For me it was to become a best selling author and maybe see my books adapted to the big screen.

To reiterate, I was only 19, just short of 20, Alberto's age when he perished on *Titanic* the day Zio Mo asked me to take on this mission. I was 17, the same age as Sebastiano, when I chose *Titanic* for that school paper about our Great Queen of the sea, to attain my honors status in World History.

My truth is that, as I began to know my uncles and who they were, the sons of laborers and a proud Italian-Catholic family, *Titanic* and their lives became more real than the earth itself. They lived and worked hard, and when they died on *Titanic*, I could only imagine how utterly, and absolutely frightened they must have been.

The staff of the À la Carte Restaurant were subcontracted by the White Star Line who owned *Titanic* and they were not considered official crew-members. That night, in the À la Carte, which was located on B deck, aft of the Aft Grand Staircase, Luigi Gatti, owner and lead chef of the famous concession stand, had the honor of hosting a dinner given for *Titanic*'s Captain John Smith. The Wideners, a wealthy couple from Philadelphia invited some of the elite of the elite to dine with them and to celebrate the Captain's years with White Star.

I could only imagine how proud and honored Luigi and my uncles felt that evening, to be chosen to host such an event and to be with such massively important masters of the world.

The À la Carte Restaurant provided the most intimate atmosphere on board. Decorated in Louis XVI style, the restaurant was lit by picture windows. Axminster carpets covered the floors. Small tables which accommodated two to eight people were set with porcelain plates and lit by crystal lamps. Unlike tables offered in the main dining saloon, half of the tables in the À la Carte accommodated two people.

This is the story that Garry Shutlak the Senior Archivist told me when we met at the Nova Scotia Archives. "That horrific night, the 37 men from Fubine, Alessandria were told to stay in their quarters until they were told to come to the decks to be loaded on the lifeboats. These brave men were shut out from the rest of the ship, while their fellow crewmembers were nobly helping passengers and others on deck to the lifeboats."

My heart broke as I came to the realization that Luigi, Alberto, Sebastiano and the others must have been in a state of confusion. I could not even think of the dialogue befitting of the language spoken that night by these men, I can only speculate as that just hours before they were feeling like 'masters of the culinary arts', by the masters of the world ... only to be cast down like chattel.

To be below decks hearing the commotion above you and the davits hoisting the women and children, one could only imagine the fear and the loneliness they carried in their hearts and souls.

To be in a room with the other men you work with, and know that as the water rose in the shell of *Titanic*, it was going to drown you, if you did not get out in time. Zio Alberto and Zio Sebastiano must have been thinking of their family back home and that they would never see them again.

They had no control ... life as they knew it only hours before was gone, and the only life for them now, was the death they would submit to within seconds, minutes or hours ... death was inevitable, and these men knew that their wives would be widows by morning and their children orphans without a proper good-bye.

For within *Titanic*'s death and the death of my uncles, I found a dream of pride of oneself, pride of lineage, and the people in life that mattered, who together toiled on the docks to build a great ship. One that was considered unsinkable, but defied what men thought, as a ship that had its flaws, flaws within the integrity of those of her day.

Titanic is, for us who know her well, unsinkable within the pages of history, and our mutual love for her.

I have taken *Titanic* in my heart and mind and she sails within my soul as does her precious cargo ... my uncles and all the passengers and crew who sailed on her.

Titanic will always be the Queen of the Sea, and the Heart of the Ocean. She captured my heart, and took me in and made me her family.

May *Titanic*, Zio Alberto, Zio Sebastiano, and all of their fellow crewmembers, and the passengers they proudly served rest in peace in the arms of God and His heavenly Angels for all eternity.

Venturing onward, *Titanic* will always have a 'maiden voyage' in one form or another when authors like me keep writing about her. *Titanic* will never be forgotten.

Discussing *Titanic* with Senior Archivist Garry Shutlak, Stacy Kline and Henrietta Mann during a visit to Nova Scotia Archives, June 13, 2017.

ACKNOWLEDGEMENTS

How do you thank people who have come in your life, believed in you, and changed it forever?

Believe me, for it is not easy as I am humbled by all of them. These are the people who, when the chips were down and I felt as though there was no hope, came to the rescue, and knew that what I wanted to present to the world was absolutely worth it. These are the very same people who decided that they would be there from the conception of the dream and bring it forward. To them I am eternally grateful.

First and foremost, my uncle Zio Modesto, who had every faith in me to bring this story to fruition and even though he is not here anymore, I know that he is looking down on this story and smiling. Zia Ann, I know that night you told Zio Mo to be quiet and not to bore me with the family details, but I am so glad he didn't keep quiet. Zio was never a boring man; he was a man of faith, deep intellect and great integrity.

To my mother and father-in-law Doris and John LoCascio who sat with me during dinner many evenings and answered my questions about the family history. I learned more from you that the history pages could ever teach me.

I have to thank my Dad, Anthony Marchese, who when he saw me writing as a youth, gave to me my first notebook and pencils and told me "Write it down". It was you, who was my sounding board through my Excalibur series and when I began to research the very first book. You who knew that someday I would be the author and historian that I am today.

To my cousin Eva Corbellini, who would not even talk with me about *Titanic* and her uncles, she told me "What is dead should stay buried." But when I told her why I needed to write this story, she finally helped me with the names of the family and others.

A special thank you to my cousins Denise and Dennis Peracchio who contributed some of the content and photos of our family. Because of you, this story became a special family legacy.

For all of the members of the *Titanic* societies who welcomed me into the groups and brought me into their world ... thank you.

For Claudio Bossi who found me on Facebook and wanted to be a part of creating history with me, your contribution to this story is priceless. Because of your knowledge of your country, and the people who live there, you helped to make this book not only a history of *Titanic*, but a history of Fubine, Alessandria, Italy and the community from whence Alberto and Sebastiano Peracchio came. Because of you, their story from their American family will reach their homeland with love and with joy.

My heart goes out to my former revisions editor and assistant on this endeavor, Ashley Franklin. Ashley, you believed in my work from the very beginning and knew where the journey was to go. I thank you for being here and for making this book a creation of art and history.

Deanna Ryan-Meister and Neil Meister, I am so glad that we met on the social media pages of Facebook. We built a friendship first, and then a partnership over *Titanic*. You believed in my work and through that belief we are making history come alive again on these pages, via your historical consultation and editing.

I thank Mary Olsen, fellow TSAC member who purchased my book at the TIS–TSAC Convention in Halifax, read it, gave it a good review, and lent proofreading talent to support my effort in telling this story. It was a pleasure to meet you.

To my staff at the Excalibur Reading Program, Angela Albergo, Christine Engesser, and James De Martini, thank you for helping me to create a community educational program that helps children, and families attain their personal and educational goals. You are the backbone of the program, and my dearest friends.

Thank you to Excalibur's Youth Leader, Chris Ferttita for your assistance in creating the online Google Classroom to help young students across the globe learn about *Titanic* and the history of her maiden voyage and her tragic demise.

As for my Executive Committee members, Claudette Oliveras and Sal Yadgar, your belief in Excalibur and in my work as an author touches my heart in so many ways. It is you who will help us to build our funds, and to build the bridges that will absolutely bring our program to the next milestones within our community. I treasure you both so very much.

Lastly to my family, my husband John, and my children Andrea and John LoCascio; you allowed me to leave the table, to be alone in the family room downstairs in order for me to write this book, when I could have been watching a movie or just enjoying some down time. It is because of your love that this book was made, created as a labor of love for our family.

Alberto Peracchio

Sebastiano Peracchio

Detail from a framed picture of Alberto and Sebastiano from mantel at Zio Modesto's home.

Dettaglio da una foto incorniciata di Alberto e Sebastiano, dalla mensola del camino in casa di zio Modesto.

Fubine, Alessandria, Italy.

Titanic in Southampton, April 10, 1912.

Waiters, waitresses, and maids were called stewards on *Titanic*.
Out of the stewards onboard, only 60 survived. SOURCE: HISTORYFREAK

*Camerieri, cameriere e inservienti sul Titanic venivano chiamati steward.
Degli steward a bordo solo 60 sono sopravvissuti.* FONTE: HISTORYFREAK

À la Carte Restaurant (taken on RMS *Olympic*)

Ristorante À la Carte (fotografia scattata sulla RMS Olympic)

Personnel of the À la Carte Restaurant, *Titanic*.
SOURCE: NATIONAL ARCHIVE LONDON

Personale del Ristorante À la Carte *del Titanic*.
FONTE: NATIONAL ARCHIVE LONDRA

List, Survivors (Saved) and disappeared (Lost), the crew of the *Titanic*.
SOURCE: NATIONAL ARCHIVE LONDON

Lista, sopravvissuti (Saved) e scomparsi (Lost), dell'equipaggio del Titanic.
FONTE: NATIONAL ARCHIVE LONDRA

> Oppenheimer, Blandford & Co.
> Solicitors.
> Telegrams
> "Scolytus London".
> Telephone
> London Wall 5126.
>
> and at
> Paris 17 Rue La Boétie.
> Telegrams – "Scolytus Paris"
> Telephone: 531-85
>
> 10, Copthall Avenue,
> London, E.C.
>
> April 15th 1913
>
> No. 5a
>
> The Secretary,
>   Board of Trade,
>   Southampton.
>
> Dear Sir,
>
>   re s.s. "Titanic"
>
>   Messrs Hill Dickinson & Co. of Liverpool inform us that their clients, the owners of this steamship, have arranged to pay the balance of wages due to the employés into your office.
>
>   We are acting for the representatives of the following deceased workmen:-
>
> | | | | |
> |---|---|---|---|
> | Allaria, | Bertoldo, | Bernardi, | Basilico, |
> | Donati, | Peracchio, | Perotti, | Ratti, |
> | Testoni, | Zaracchi. | | |
>
> and shall be glad if you will let us have the amount due to each of them or inform us what you require to enable you to pay us the amount.
>
>   Yours faithfully,

Communication of the liquidation of pays still accruing to the crew of *Titanic*. SOURCE: NATIONAL ARCHIVE LONDON

Comunicazione della liquidazione delle paghe ancora spettanti all'equipaggio del Titanic.
FONTE: NATIONAL ARCHIVE LONDRA

Pay payable to staff who disappeared in the tragedy of the *Titanic*.
SOURCE: NATIONAL ARCHIVE LONDON

Paga spettante al personale scomparso nella tragedia del Titanic.
FONTE: NATIONAL ARCHIVE LONDRA

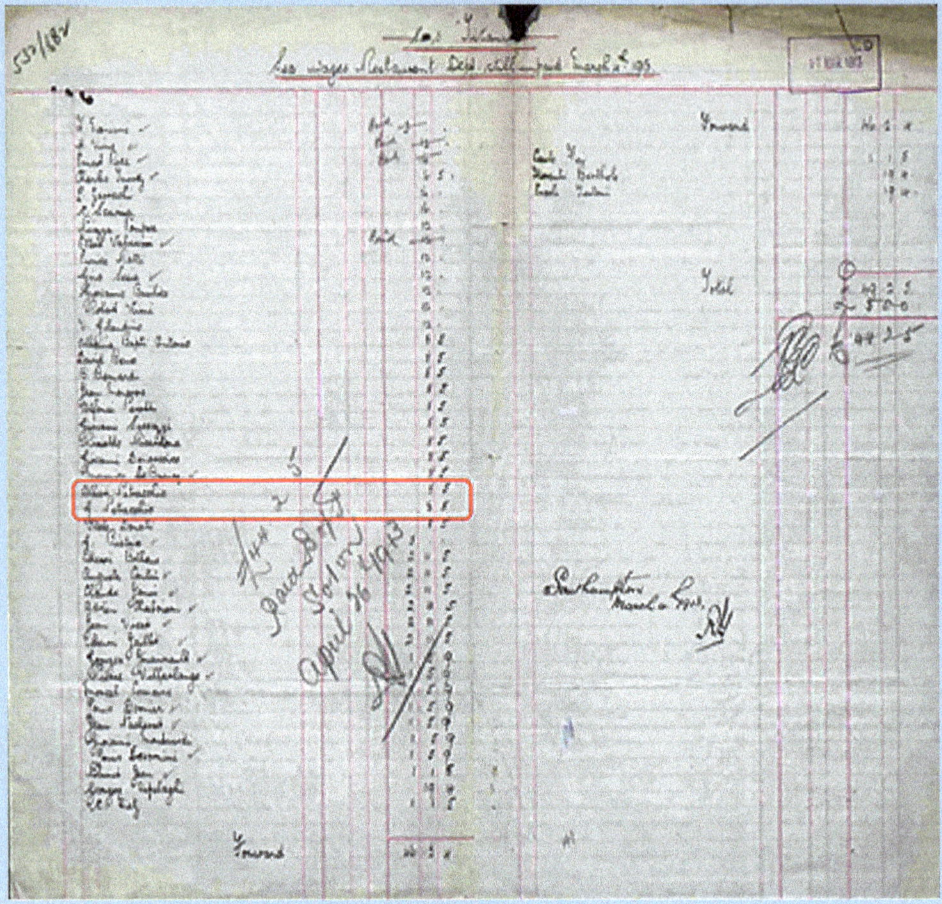

Pays accruing to staff who disappeared in the tragedy of the *Titanic*.
SOURCE: NATIONAL ARCHIVE LONDON

Foglio di paga che, all'11 marzo 1913, doveva essere ancora riconosciuta al personale scomparso nella tragedia del Titanic. FONTE: NATIONAL ARCHIVE LONDRA

Le vittime italiane

CASALE MONFERRATO, 22, matt.
Tra le numerose vittime della tremenda catastrofe del *Titanic* vi sono pure due giovani di Fubine Monferrato, certo Peracchio Sebastiano ed un di lui fratello minore. Il Peracchio intraprese la sua professione di cameriere presso il nostro albergo della Rosa Rossa. Quindi era passato a Londra. Il 26 marzo scorso egli annunziava al suo ex principale della Rosa Rossa di avere abbandonato Londra e di essersi imbarcato come cameriere del ristorante del nuovo grande piroscafo *Titanic*.

Corriere d'Italia, 23 April 1912

Corriere d'Italia, 23 aprile 1912

Names of the staff of the À la Carte Restaurant, *Titanic*.
SOURCE: NATIONAL ARCHIVE LONDON

Nomintativi del personale del Ristorante À la Carte del Titanic.
FONTE: NATIONAL ARCHIVE LONDRA

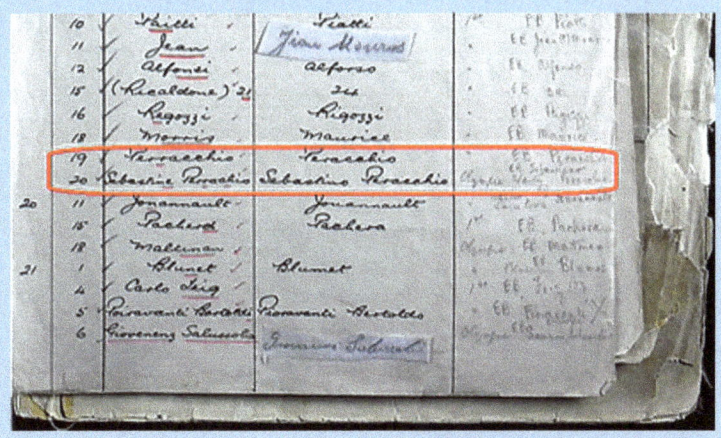

Addresses of the staff of the À la Carte Restaurant, *Titanic*
SOURCE: NATIONAL ARCHIVE LONDON

Indirizzi del personale del Ristorante À la Carte del Titanic
FONTE: NATIONAL ARCHIVE LONDRA

TITANIC · THE BROTHERS PERACCHIO

Addresses of the staff in the À la Carte Restaurant, *Titanic*.
SOURCE: NATIONAL ARCHIVE LONDON

Ruolino del personale del Ristorante À la Carte del Titanic.
FONTE: NATIONAL ARCHIVE LONDRA

37 italiani addetti al personale tra gli scomparsi

Indirettamente molte altre nazioni sono state colpite dal disastro, che è veramente, come rilevano i giornali, di carattere cosmopolita.

Ma l'Italia, forse, è stata la maggiore colpita dopo l'Inghilterra per il numero dei suoi figli perduti. Evidentemente, un certo numero di italiani si trovava fra i passeggieri delle tre classi. Una lista completa di questi manca ancora, ma si può inferire dai passeggieri italiani che finora risultano salvati, come vi telefonai ieri sera, che altri navigavano sul piroscafo e con tutta probabilità sono periti. Ma non basta. Un largo contingente di nostri connazionali si trovava pure fra il personale del Titanic in qualità di camerieri, e dalla lista completa dell'equipaggio pubblicata oggi tra gli addetti al ristorante del Titanic risultano i nomi dei seguenti italiani: L. Galli, d'anni 36, direttore di sala; il cameriere-capo Donnini, il quale era coadiuvato dal signor Mombello; L. Zarracchi, di anni 26; C. Scarino, d'anni 42; A. Rotta, d'anni 23; P. Piazza, d'anni 30; R. Urbini, d'anni 22; Valvassore, d'anni 37; N. Bazzi, d'anni 33; E. Ratti, d'anni 23; G. Casali, d'anni 32; G. Sesia, d'anni 34; G. Basilico, d'anni 25; R. Vioni, d'anni 24; V. Gilardini; G. Banfi, d'anni 25; E. Poggio, d'anni 26; E. Denapoli, d'anni 24; L. Crovello, d'anni 17; A. Allaria, d'anni 22; B. Bernardi, d'anni 22; L. Piatti, d'anni 17 A. Perotta, d'anni 20; Saccaggi, d'anni 24; R. Vicardona, d'anni 24; A. Rigozzi, di anni 22; G. Demartino, d'anni 20; A. Berracchio, d'anni 20; G. Barracchio, d'anni 18; G. Donato, d'anni 19; A. Pedrini, di anni 21; G. G. Panero, d'anni 20; G. Monteverde, d'anni 23; L. Desvernini, d'anni 20; F. Bertoldo, d'anni 24; E. Testoni, di anni 24; L. Sartori, d'anni 24.

Tutti questi, pur troppo, è quasi certo che sono periti insieme col resto dell'equipaggio, che colò a fondo col Titanic.

Printing, 18 April 1912.

Ritaglio di stampa, *18 aprile 1912*.

L'ecatombe dei passeggieri e dell'equipaggio del "Titanic,,

37 Italiani addetti al personale considerati tra i morti - Le necrologie del pacifista W. Stead.

Un altro piroscafo inglese affondato con 200 persone?

(Servizio speciale della STAMPA)

Londra, 17, notte.

L'oceano si è rifiutato di dare oggi ulteriori notizie sul naufragio del Titanic. I soli che possano raccontare l'immane tragedia sono gli 868 superstiti, che viaggiano sul Carpathia alla volta di New York, e che, secondo le voci che corrono stasera, non sarebbero invece che 700. Essi soli possono svelare il mistero, poichè è oramai accertato che il Titanic si trovò solo nelle sue ore supreme, isolato in una deserta distesa di mare, come se il telegrafo senza fili non fosse esistito. Esso rimase a galla 4 ore in una lotta disperata, senza soccorsi estranei; poi, a un dato momento, con tutta probabilità squilibrato dalla massa di acqua penetratavi, si capovolse e si inabissò. Il solo ordegno che potrebbe trasmettere il terribile racconto dei superstiti è l'antenna del telegrafo senza fili che vibra sul Carpathia; ma il telegrafo senza fili oggi, fra il vapore e la terraferma, si è quasi incantato e sono sopravvenute delle condizioni atmosferiche che lo rendono muto; le comunicazioni col Carpathia si sono fatte estremamente difficili; l'ultimo messaggio che ha potuto partirne è questo, che peraltro sarebbe già senza firma: « East New York 596 miglia; 11 pomeridiane, martedì: Tutti bene ».

Contro le speculazioni della fantasia americana

Bisogna quindi aspettare che il Carpathia sia arrivato a New York per sapere qualche cosa di preciso sul dramma di domenica notte. Pare che esso vi arriverà domani sera. Tutte le altre notizie che giungono dall'America al riguardo sono pure invenzioni. La fantasia dei giornalisti americani si è sbizzarrita anche questa volta assai peggio di quello che lo avrebbe permesso il luttuoso avvenimento. Questa mattina, per esempio, il New York Herald pubblicava addirittura un resoconto particolareggiato ed emozionante della catastrofe. Questo resoconto fu telegrafato a Londra e pubblicato dai giornali. Esso si basava sopra dei pretesi radiotelegrammi che il vapore Bruce avrebbe ricevuto dal Carpathia e trasmesse quindi alla terraferma. Senonchè, questa sera è provato che il Bruce non fu mai in comunicazione con nessun altro vapore e che quindi la narrazione è inventata di sana pianta. E' un modo americano anche questo di far soldi sui morti.

Inoltre, ad intorpidire anche più il movimento delle notizie ed a rendere difficilissimo di fissarne l'attendibilità, sono entrati in campo tutti quei dilettanti di telegrafia senza fili che in America sono falange. Costoro hanno turbato tutto il campo delle comunicazioni aeree mediante i loro interrogatori sportivi dello spazio ed hanno diffuso dei marconigrammi immaginari per darsi importanza. I giornali di Londra, di fronte a tutto ciò, sono giustamente indignati. Il Times stamattina, come sapete, scriveva che le nazioni civili hanno il dovere di aprire una inchiesta sull'origine delle notizie false intorno al naufragio. I divulgatori di queste hanno fatto sì che il mondo, fino a lunedì notte, aveva per sicuro che tutte le vite a bordo del Titanic erano a salvamento. Sopravvenne poi il fatale annunzio della realtà ad eludere tanta sicurezza ed a rendere più doloroso il colpo ed il dolore che esso ha recato, sopratutto in Inghilterra e poi in Africa, per questo disastro, che è il più grave che si ricordi negli annali delle sciagure del mare.

Southampton in lutto

Nessuno rammenta di aver visto l'Inghilterra più impressionata che in questi giorni. Il gran cuore di questa nazione essenzialmente marinaresca fu ferito sul vivo come non mai. Suoi figli erano gli ufficiali del Titanic; suoi figli i marinai, quasi tutti uomini di Southampton e di Belfast; suoi figli la più parte dei passeggieri, e fra i suoi figli migliori. Tutta Southampton è in lutto. Vi sono delle strade nel quartiere marittimo della bella città portuale, dove ogni cosa è entrato il lutto, all'improvviso. Queste case si sono chiuse, hanno calato le tende e vi è sceso il silenzio, il silenzio di un dolore che non ha nome, nel quale singhiozzano delle famiglie che hanno perduto ogni loro sostegno. Per le vie sventolano bandiere a mezz'asta, a commemorare più di ottocento forti cittadini inghiottiti dall'Atlantico.

Qui, a Londra, il pellegrinaggio dei dolenti agli uffici della White Star Line è continuato anche oggi. La Compagnia manca di notizie ufficiali, come tutti. I parenti e gli amici delle vittime lo sanno, pure vengono colà attratti da una forza misteriosa, e vi attendono per ore con i fazzoletti agli occhi, certi di non poter sapere per il momento nulla.

Il dolore benefico di Londra

Dovunque, ormai non si parla che del naufragio: niente altro interessa più i londinesi, e la sospensione di ogni notizia attendibile acuisce questo interesse unanime. La voce di tutti, appena la tragedia vi ricorre, ha accenti di mestizia. Ogni inglese ha l'amore del mare, ha qualcuno per il mare, vive un po' di vita marittima. La più grande nave uscita mai dagli orgogliosi cantieri britannici portava seco, oltre tante care anime, una parte del cuore e dell'orgoglio di tutta la nazione. Ora che la nave è morta, la nazione ha le ciglia umide e pensa a Dio. Domani, nella cattedrale di San Paolo, si celebrerà la prima Messa funebre per le anime dei perduti. Intanto, insieme col popolo partecipa al cordoglio anche tutta la Famiglia Reale. Il Re, la regina Alessandra, il principe di Connaught hanno inviato alla White Star Line telegrammi personali, in cui esprimono il loro orrore per la sciagura e la loro solidarietà con le famiglie colpite dal disastro. Colla consueta praticità, però, l'angoscia e la pietà di questo buon popolo si sono mutati subito in una iniziativa generale per soccorrere le famiglie dell'equipaggio perito nel compimento del suo dovere supremo. Il Lord Mayor di Londra ha aperta una sottoscrizione pubblica; i giornali alla loro volta ne vanno iniziando altre sulle loro colonne. E le offerte fioccano: stasera hanno già raggiunto una somma assai rilevante.

I lutti americani

Anche l'America fu colpita duramente dal naufragio. Essa non ha perduto molti dei suoi figli, ma ne ha perduti alcuni fra i più cospicui, specie del mondo finanziario. Insieme col popolarissimo colonnello Astor sono infatti periti alcuni fra gli uomini più noti di Wall Street, ciò che avrà anche una ripercussione finanziaria sul raggio di affari degli Stati Uniti. Di più, è annegato un artista, il signor Millet, che in America otteneva molti successi, ed è morto il maggiore Butt, aiutante di campo del presidente Taft. Queste morti improvvise hanno immerso nel lutto molte famiglie della migliore società americana. Dopo l'emozione, quindi, anche a New York è subentrato uno spirito di pietà ed è sorta una gara per alleviare le conseguenze del disastro, almeno ai superstiti poveri. Infatti, si è costituito un Comitato di dame per soccorrere i superstiti di terza classe del Titanic, appena sbarcheranno a New York dal Carpathia.

37 italiani addetti al personale tra gli scomparsi

Indirettamente molte altre nazioni sono state colpite dal disastro, che è veramente, come rilevano i giornali, di carattere cosmopolita.

Ma l'Italia, forse, è stata la maggiore colpita dopo l'Inghilterra per il numero dei suoi figli perduti. Evidentemente, un certo numero di italiani si trovava fra i passeggieri delle tre classi. Una lista completa di questi manca ancora, ma si può inferire dai passeggieri italiani che finora risultano salvati, come vi telefonai ieri sera, che altri navigavano sul piroscafo e con tutta probabilità sono periti. Ma non basta. Un largo contingente di nostri connazionali si trovava pure fra il personale del Titanic in qualità di camerieri, e dalla lista completa dell'equipaggio pubblicata oggi tra gli addetti al ristorante del Titanic risultano i nomi dei seguenti italiani: L. Gatti, d'anni 36, direttore di sala; il cameriere-capo Donnini, il quale era coadiuvato dal signor Mombello; L. Zarracchi, di anni 26; C. Scavino, d'anni 42; A. Rotta, d'anni 23; P. Pinazzo, d'anni 39; R. Urbini, d'anni 22; Valvassore, d'anni 37; N. Bazzi, d'anni 33; E. Ratti, d'anni 23; G. Casali, d'anni 32; G. Sesia, d'anni 24; G. Basilico, d'anni 25; R. Vioni, d'anni 24; V. Gilardini; G. Banfi, d'anni 25; E. Poggio, d'anni 26; E. Denapoli, d'anni 24; L. Crovello, d'anni 17; A. Allaria, d'anni 22; B. Bernardi, d'anni 22; L. Piatti, d'anni 17; A. Perotti, d'anni 20; Saccaggi, d'anni 24; [illegible] di anni 22; G. Demartino, d'anni 20; A. Peracchio, d'anni 20; G. Barracchio, d'anni 18; G. Donato, d'anni 19; A. Pedrini, di [illegible] teverde, d'anni 23; L. Desvernini, d'anni 20; F. Bertoldo, d'anni 24; E. Testoni, di anni 24; L. Sartori, d'anni 24.

Tutti questi, pur troppo, è quasi certo che sono periti insieme col resto dell'equipaggio, che colò a fondo col Titanic.

W. Stead

Fra le vittime più cospicue, come sapete, c'è William Stead, il famoso apostolo pacifista. Oggi tutti i giornali londinesi pubblicano lunghi necrologi del collega morto. Williams Stead, specialmente negli ultimi anni, andò soggetto a delle grandi allucinazioni intellettuali, una delle quali gli fece prendere in questi ultimi mesi la parte dei turchi contro gli italiani; la più elementare delle virtù cristiane, la pietà, ci vieta, ora che egli è morto così tragicamente, di ricordare come e qualmente questo illustre pacifista, nel suo smisurato amore per la pace, abbia insultato ferocemente l'Italia in occasione della nostra guerra per la conquista della Libia; come egli abbia, nonostante le smentite dei più autorevoli organi della opinione pubblica inglese, sostenuta la menzogna turca degli inesistenti massacri attribuiti ai soldati d'Italia sugli arabi di Tripoli; come egli fino all'ultimo giorno di sua vita abbia continuato a pubblicare nella sua rivista, la Review of Reviews, caricature vergognose diffamanti il nostro Paese.

Ma a parte questo eccesso di italofobia, W. Stead, come uomo di cuore e di coraggio, era certamente una bella figura, e la sua morte lascia un vuoto nel giornalismo inglese, che lo ricorda come direttore della Pall Mall Gazette nel 1880, e lo apprezzava come direttore della Review of Reviews. Egli era il « Don Chisciotte » della stampa britannica; partiva di galoppo contro qualunque mulino a vento, in favore di tutte le cause, che gli sembravano giuste e umanitarie, ed una volta per questo fu anche in prigione per sei mesi, del che egli andava orgogliosissimo. La sua grande ubbìa era la pace universale, ed egli si recava appunto a New York per parteciparvi ad un Congresso pacifista.

Una famiglia di milionari quasi interamente perita

Dopo Stead, il più noto dei periti, è il colonnello Astor. Egli lascia un figlio di maggiore età, che lo amava teneramente e che appena avuta la triste notizia a New York noleggiò un piroscafo inviandolo sul luogo del disastro per cercare di ricuperare almeno la salma del padre. Ieri un cablogramma diceva che questa era stata ricuperata, ma la notizia mancava di fondamento. Come vi telefonai ieri, il colonnello Astor si trovava di ritorno dal suo viaggio di nozze, essendosi riammogliato ultimamente dopo un chiassoso divorzio. E' curioso il fatto che a bordo del Titanic c'erano altre sei coppie di sposi novelli della migliore società americana, le quali in parte stavano terminando il loro viaggio di nozze, ed in parte erano ancora in una luna di miele.

Uno degli incidenti più patetici del naufragio è quello della famiglia del milionario Allison. L'intera famiglia era a bordo del Titanic, inclusi la signora Allison, la sua cameriera, la signorina Allison, un bambino e la balia di questo. Soltanto il bambino e la balia sopravvivono, e si crede che i membri più vecchi della famiglia si sacrificarono per salvare il piccolo Allison, allo scopo di continuare il nome della famiglia.

The carnage of the passengers and crew.

L'ecatombe dei passeggieri e del equipaggio.

Affidavit of Witnesses.

Affidavit dei testimoni.

Certificate of Arrival.

Certificato di sbarco.

US Petition for Naturalization.

Richiesta di naturalizzazione.

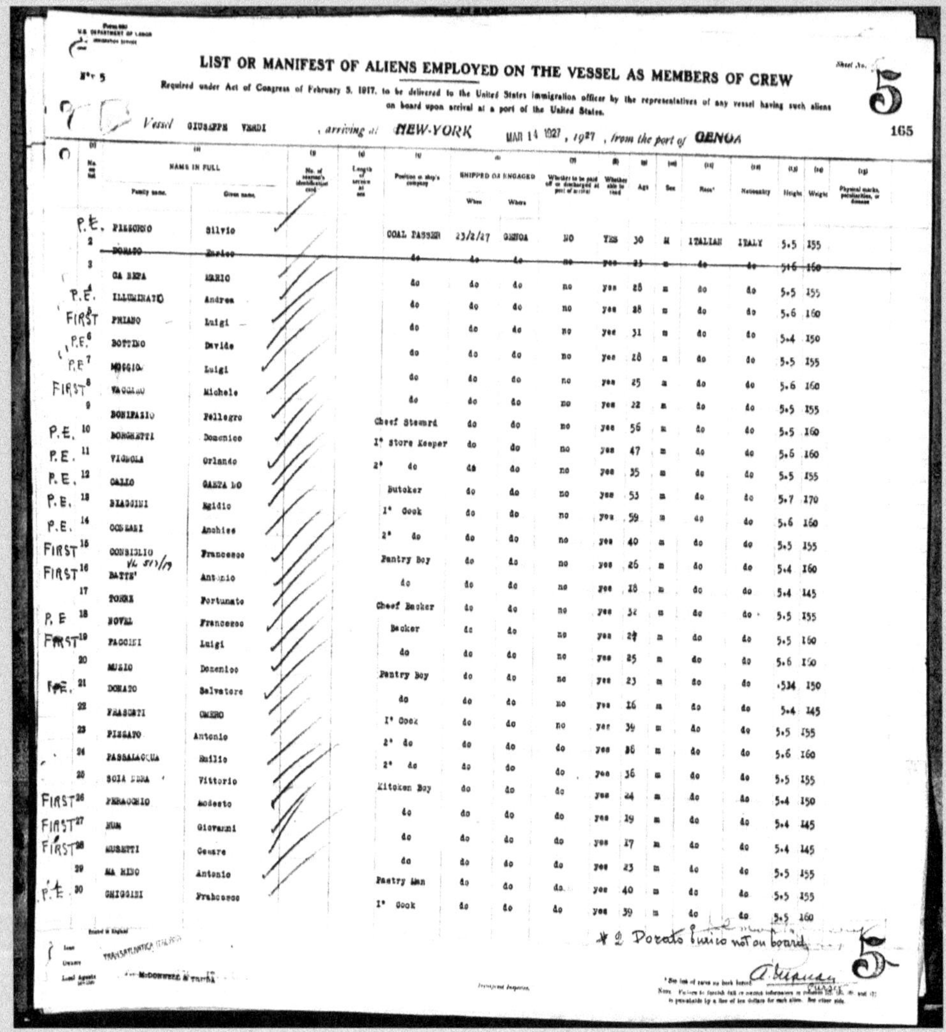

Certificate of Arrival List of Members of Crew.
Certificato di arrivo ed elenco dei membri dell'equipaggio.

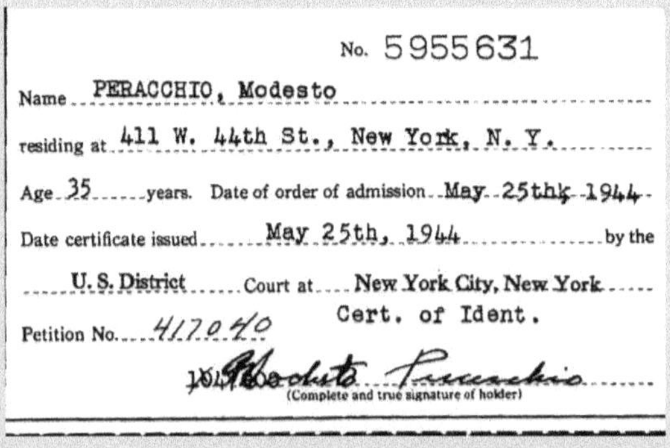

Certificate of Identification, Modesto Peracchio.

Certificato di identità, Modesto Peracchio.

80 TITANIC · THE BROTHERS PERACCHIO

John LoCascio and Angelica Harris.
John LoCascio e Angelica Harris.

Le Cœur de la Mer (Heart of the Ocean) Set; Christmas 2016 gift presented to Angelica from her son John Anthony.

Heart of the Ocean (Il Cuore dell'Oceano). Regalo di Natale 2016 donato ad Angelica dal figlio John Anthony.

LoCascio Family From left: John A. LoCascio (Angelica's son) Andrea LoCascio (Angelica's daughter), John L. LoCascio Jr. (Angelica's spouse) celebrating 35 years of marriage.

Famiglia LoCascio. Da sinistra: John A. LoCascio (figlio di Angelica) Andrea LoCascio (figlia di Angelica), John L. LoCascio Jr. (marito di Angelica) in occasione dei 35 anni di matrimonio.

Angela and Modesto Peracchio

Angela e Modesto Peracchio

Angelica's Family, (Seated Aunt Mary Rinaldi Cautero, Uncle, Supreme Court Justice Dominick S. Rinaldi, Uncle Joseph Urban, Godfather. Standing: Angelica's mother Virginia Rinaldi-Marchese, and Angelica's dad Anthony Marchese Sr.

La famiglia di Angelica. (Da seduti: zia Mary Rinaldi Cautero, zio Dominick S. Rinaldi, giudice della Corte Suprema di Giustizia, zio Joseph Urban, padrino di battesimo. In piedi: la madre di Angelica Virginia Rinaldi-Marchese, il padre di Angelica Anthony Marchese Sr.

L-R: My mother in law and father in law (Mom is in jade); Uncle Adolf and Aunt Ann; Zio Mo with Zia Angela in white; Uncle Sal and Aunt Mary.

Da sinistra a destra: mia suocera e mio suocero; zio Adolf e zia Anna; zio Mo con zia Angela in bianco; zio Sal e zia Mary.

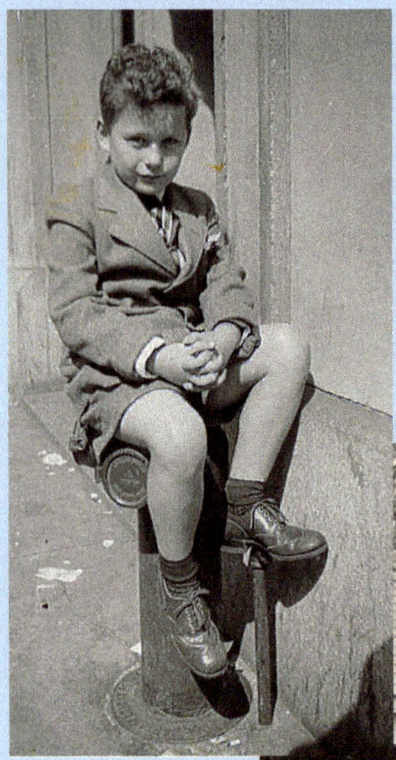

Dennis Peracchio Sr. (Son of Modesto and Angela Peracchio, deceased)

Dennis Peracchio Sr. (Figlio di Modesto e Angela Peracchio, deceduto).

Dennis Sr., with Angela Peracchio

Dennis Sr., con Angela Peracchio.

Elga Peracchio, Modesto Peracchio, Etta Peracchio (Modesto's niece and sister).

Elga Peracchio, Modesto Peracchio, Etta Peracchio (nipote e sorella di Modesto).

Craig and Aaron Peracchio (sons of Dennis Peracchio Jr.)

Craig e Aaron Peracchio (figli di Dennis Peracchio Jr.)

Dennis Peracchio Jr. (Modesto and Angela's grandson)

Dennis Peracchio Jr, (nipote di Modesto e di Angela)

Denise Peracchio (Modesto's granddaughter)

Denise Peracchio (nipote di Modesto)

Denise and Aaron Peracchio (Modesto's granddaughter and great grandson)

Denise e Aaron Peracchio (nipoti di Modesto)

Modesto's great grandson, and great granddaughter Zoey

Il pronipote di Modesto e la figlia Zoey.

Heather, Eli, Kama, Dennis and Mason Peracchio (Family of Dennis Peracchio Jr.)

Heather, Eli, Kama, Dennis e Mason Peracchio (famiglia di Dennis Peracchio Jr.)

Photo montage created by Peter Mantione of Alberto and Sebastiano Peracchio and *Titanic* at Southampton, England dock before sailing on April 10, 1912, with White Star logo.

Fotomontaggio creato da Peter Mantione di Alberto e Sebastiano Peracchio e il Titanic al porto di Southampton, Inghilterra, prima della partenza del 10 aprile 1912, con il logo della White Star Line.

Warren Ervine holds a photo of his Uncle Albert George Ervine, a young engineer who 'kept the lights on' before perishing on *Titanic*.

Warren Ervine mostra la fotografia di suo zio Albert George Ervine, un giovane ingegnere che si prodigò, con i colleghi, affinché le luci sulla nave rimasero accese prima di perire anch'egli sul Titanic.

Albert George Ervine

Angelica Harris (Book and Photo Display) with Fellow *Titanic* Historian author William Brower at William's personal *Titanic* exhibit at the Plantation Historical Museum in Plantation Florida April 14, 2012 100th Anniversary Commemorative.

Angelica Harris (libro e foto nella vetrina) con William Brower, storico del Titanic, alla mostra personale sul Titanic al Plantation Historical Museum a Plantation, Florida il 14 aprile 2012 in occasione della commemorazione per il centenario.

Angelica Harris (in Edwardian Costume) with husband John LoCascio near Plantation Historical Museum April 14, 2012, *Titanic* 100th Anniversary Commemorative.

Angelica Harris (in costume edoardiano) e il marito John LoCascio al Plantation Historical Museum il 14 aprile 2012, in occasione dell'anniversario del centenario del Titanic.

Titanic Book Table Display Sacred Heart Catholic Academy in Glendale, Queens, NY, April 25, 2016.

Libri e riviste del Titanic in vetrina al Sacred Heart Catholic Academy in Glendale, Queens, NY, il 25 aprile 2016.

103rd Anniversary Commemorative at the educational agency
Excalibur Reading Program, located in Glendale, Queens, NY

*103° anniversario commemorativo presso l'agenzia educativa
Excalibur Reading Program situata in Glendale, Queens, NY*

Personal Exhibit of Angelica Harris
Esposizione personale di Angelica Harris

Angelica Harris with student Jillian
Angelica Harris con la studentessa Jillian

Angelica with student Erin Watkins
Angelica con la studentessa Erin Watkins

Angelica with friend Janet Viccars
Angelica con l'amica Janet Viccars

Titanic nameplate created at Tonick Jewelers for Angelica
to remind her of her research about the Great Lady RMS *Titanic*.
Angelica wears it every year on the anniversary of *Titanic's* foundering.

*Targhetta del Titanic creata dalla gioielleria Tonick per Angelica
a ricordo delle sue ricerche sulla RMS Titanic.
Angelica la indossa ogni anno in occasione dell'anniversario del naufragio del Titanic.*

Pencil sketch of *Titanic* by Angelica Harris.

Schizzo a matita del Titanic disegnato da Angelica Harris.

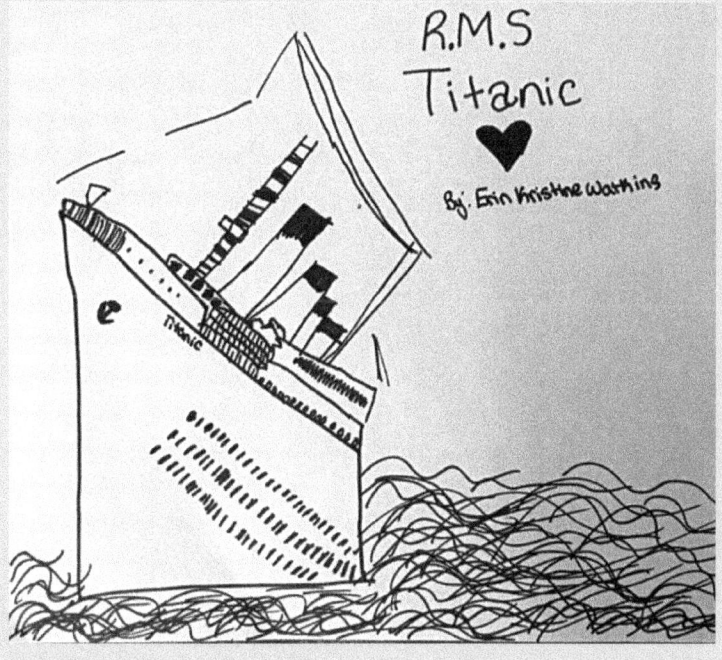

Drawing by Erin Watkins, 14 year old *Titanic* historian and student of Angelica Harris.

Disegno da Erin Watkins, 14 anni, studente di storia del Titanic e allievo di Angelica Harris.

Titanic grave site, Fairview Lawn Cemetery, Windsor Street, Halifax, Nova Scotia.
Cimitero del Titanic, Fairview Lawn Cemetery, Windsor Street, Halifax, Nuova Scozia.

Front view, Titanic grave site, Fairview Lawn Cemetery.
Vista frontale del Fairview Lawn Cemetery.

The 121 grave markers at the Titanic gravesite in Fairview Lawn Cemetery in Halifax reflect the shape of a ship's hull. Inset: À la Carte Restaurant manager Luigi Gatti is buried here.

Le 121 lapidi delle vittime del Titanic al Fairview Lawn Cemetery di Halifax riprendono la forma dello scafo di una nave. Il gestore del Ristorante À la Carte Luigi Gatti è sepolto qui.

10 victims are buried in the *Titanic* grave site in Baron de Hirsch Cemetery, adjacent to Fairview Lawn Cemetery in Halifax.

10 vittime del Titanic *sono sepolte al Baron de Hirsch Cemetery, vicino al Fairview Lawn Cemetery ad Halifax.*

19 victims are buried in the *Titanic* grave site, Mount Olivet Cemetery, Mumford Road, Halifax.

19 vittime del Titanic *sono sepolte al Mount Olivet Cemetery, Mumford Road, ad Halifax.*

Ashley Franklin, revision editor, 2017.

Ashley Franklin, editor, 2017.

Dee Ryan-Meister, President of Titanic Society of Atlantic Canada, and spouse, Neil Meister, the graphic designers and advisors for publishing of this book. Dee is executive editor and historical consultant to Angelica.

Dee Ryan-Meister, Presidente della Titanic Society of Atlantic Canada, con la moglie Neil Meister, grafici e consulenti per la pubblicazione di questo libro. Dee è il revisore esecutivo e consulente storico di Angelica.

Waterfront view, Maritime Museum of the Atlantic, Halifax.

Facciata principale del Museo Marittimo dell'Atlantico di Halifax.

Richard MacMichael photographed in replica *Titanic* deck chair, Maritime Museum of the Atlantic, Halifax.

Richard MacMichael fotografato seduto sulla riproduzione di una sdraio che era ubicata sul ponte passeggiata del Titanic, Museo Marittimo dell'Atlantico di Halifax.

Meeting Richard MacMichael for the first time, at Maritime Museum of the Atlantic.

Incontro con Richard MacMichael per la prima volta al Museo Marittimo dell'Atlantico.

With the group on our first meeting: Richard, Christine Kuchler, Dee, Tom Lynskey, Matt DeWinkeleer, and Stacy Kline.

Insieme al gruppo in occasione della nostra prima riunione: Richard, Christine Kuchler, Dee, Tom Lynskey, Matt DeWinkeleer, e Stacy Kline.

John and I pose at the Grand Staircase mural.

Io e John in posa presso il murale del Grande Scalone.

Richard pretends to take my order while I lounge in the popular replica deck chair.

Richard finge di prendere la mia ordinazione, mentre sono sdraiata sulla popolare replica della sedia del ponte.

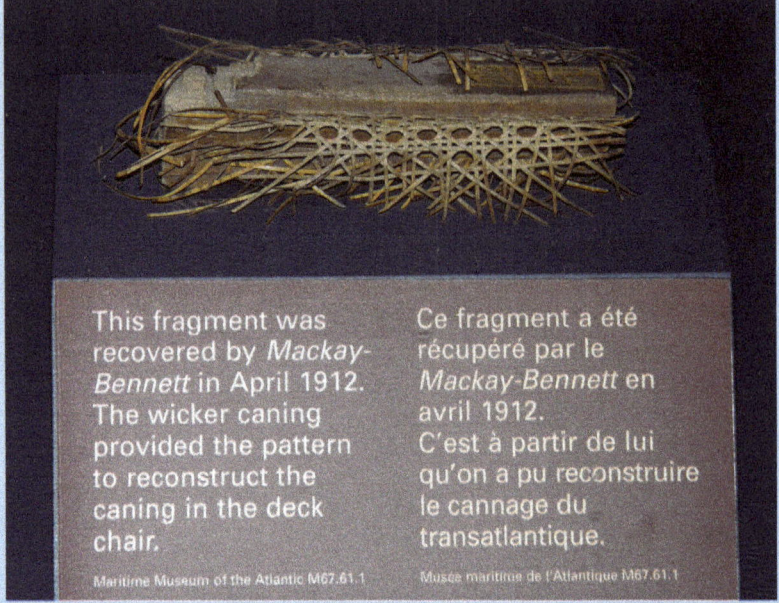

Recovered deck chair caning on display at the Museum.

Impagliatura recuperata da una sedia del ponte, in mostra al Museo.

After our tour of the Museum, our group enjoys the evening in the Seanchai at The Old Triangle Irish Pub.

Dopo il nostro tour del museo, il nostro gruppo si gode la serata in Seanchai al Pub Irlandese "The Old Triangle".

TSAC members and friends enjoy a special Public Gardens tour with guide Glen Taylor.

I membri e gli amici di TSAC godono di uno speciale tour dei giardini pubblici con la guida Glen Taylor.

The *Titanic* pond model is a popular sight in Griffin's Pond, Halifax Public Gardens.

Il modello del Titanic nello stagno è un'attrazione popolare presso il Griffin's Pond, Halifax, giardini pubblici.

Christine Kuchler reads Psalm 98 during the memorial service at the Mount Olivet Cemetery *Titanic* grave site.

Christine Kuchler legge il Salmo 98 alla funzione in suffragio, presso il sito Titanic del cimitero di Mount Olivet

Dee Ryan-Meister reads to the group during the memorial service.

Dee Ryan-Meister legge al gruppo durante la funzione in memoria.

Dee Ryan-Meister prepares to place white roses on the grave of
Titanic victim James McGrady in Fairview Lawn Cemetery.

*Dee Ryan-Meister si prepara a mettere rose bianche sulla tomba di
la vittima Titanic James McGrady nel cimitero di Fairview Lawn.*

Dee Ryan-Meister begins the memorial service at the *Titanic* grave site,
Baron de Hirsch Cemetery, June 11, 2018. Inset: Pausing to reflect at
the grave of Michel Navratil.

*Dee Ryan-Meister inizia la funzione in suffragio presso il luogo di
sepoltura dedicato al Titanic del cimitero Baron de Hirsch, 11 giugno 2018.
Nel riquadro: Mi soffermo in pausa di meditazione sulla tomba di Michel Navratil.*

Viewing the information and artifacts in reference to the *Titanic* recovery effort, as well as George Wright and Hilda Mary Slayter, St. Paul's Anglican Church.

Esposizioni di documenti e oggetti concernenti George Wright e Hilda Maria Slayter nella Chiesa Anglicana di San Paolo.

St. Paul's Anglican Church.

Chiesa Anglicana di San Paolo.

Posing with Jordan Gracie, director of our special tour, St. George's Round Church.

In posa con Jordan Gracie, direttore del nostro tour speciale, nella Chiesa Rotonda di San Giorgio.

Visit to JA Snow Funeral Home in Clayton Park, where we had the opportunity to meet Mr. John Snow.

Visita all'agenzia di onoranze funebri JA Snow, in Clayton Park, dove abbiamo avuto la possibilità di incontrare John Snow.

Viewing the grave site at SS *Atlantic* Heritage Park, Terence Bay, NS.

Esaminando il luogo di sepoltura delle vittime dell'SS Atlantic a Heritage Park, Terence Bay, NS.

Display of artifacts from the Halifax Explosion.
Esposizione di reperti dall'esplosione di Halifax.

Hope and Survival: The Halifax Memorial Quilt, depicts the monumental loss experienced during the Halifax Explosion, displayed at Maritime Museum of the Atlantic.

La speranza e la sopravvivenza: l'Halifax Memorial Quilt, raffigura le enormi perdite sopportate durante l'Esplosione di Halifax, esposto al Museo Marittimo dell'Atlantico.

Preparing for my presentation in the Theatre, Maritime Museum of the Atlantic, June 13, 2017.

Preparazione per la mia presentazione nel teatro, Museo Marittimo dell'Atlantico, 13 giugno 2017.

Angelica (holding the first edition publication) with her husband John LoCascio.

Angelica (con la prima edizione del libro) e il marito John LoCascio.

Angelica in period costume, presenting in PowerPoint
on her 42 years of research at the Maritime Museum of the Atlantic.

*Angelica in costume d'epoca, che presenta in PowerPoint
per i suoi 42 anni di ricerca al Museo Marittimo dell'Atlantico.*

Anglica with fellow TSAC members, and Andrew, MMA staff, after her presentation.

Anglica con altri membri del TSAC e Andrew, lo staff della MMA, dopo la sua presentazione.

View from the rooftop patio, Halifax Central Library.
La vista dalla terrazza sul tetto, Halifax Central Library.

Enjoying our last evening together at The Henry House,
a historic pub and restaurant in downtown Halifax.
*La nostra ultima sera insieme presso The Henry House,
uno storico pub e ristorante nel centro di Halifax.*

Angelica Harris © June 11, 2016

TITANIC—A MAIDEN VOYAGE AMONG THE CLOUDS— ANGELS GUIDE THEE HOME

Titanic-Majestic Lady of the Ocean
Maiden, her virgin skirts untethered by the sea
Funnels once loud of joy to sail
Southampton's Queen, now quieted by mournful cries
She sits in sand and silt- now sails among the clouds

Made of Iron plates and rivets
From hands at Belfast Lough
She stood tall and honorable
Her name Titanic-Maiden beauty
She sits in sand and silt- now sails among the clouds

Her wardens proud with great persona
Enjoyed her hospitality
She gave them respite
Her name Titanic-Maiden beauty
She sits in sand, and silt now sails among the clouds

The sea parted bravely at her bow
Giving way for new adventures
Liners looked to her royalty
Her name Titanic-Maiden beauty
She sits in sand and silt- now sails among the clouds

The sea unkind and cold
Took her with crude force
Stripped her of her grace
Her name Titanic-Maiden beauty
She sits in sand and silt- now sails among the clouds

Her charges taken without consent
Within the dark of night
The Atlantic unsympathetic and unkind
Her name Titanic-Maiden beauty
She sits in sand and silt- now sails among the clouds

Her back was broken bleeding forth
The sea poured salt within her wounds
Lamenting cries from decks of severed wood
Her name Titanic-Maiden beauty
She sits in sand and silt- now sails among the clouds

Lifeboats had no recourse
To save the ones she loved
The sea was cruel and ruthless
Her name Titanic-Maiden beauty
She sits in sand and silt- now sails among the clouds

Within her stern a prayer was heard
Heavens ears opened to desperate shrills
Clouds parted with wings of hope
Her name Titanic-Maiden beauty
She sits in sand and silt- now sails among the clouds

Angels heard the cries of Titanic's humanity
Flew down with care and hope
Bodies lost within Mere's womb
Her name Titanic-Maiden beauty
She sits in sand and silt- now sails among the clouds

God sent His Angelic soldiers to guard the souls and keep
They held the bow within the confines of their wings
To shield the evil of the night and give a gentle care
Her name Titanic-Maiden beauty
She sits in sand and silt- now sails among the clouds

She came to rest within the caverns of a watery grave
Entombed within the coral reef she gives herself in vain
To keep the ones within her hull a forever place to sleep
Her name Titanic-Maiden beauty
She sits in sand and silt- now sails among the clouds

We came to know her in our hearts
From those she left behind
We mourn your grace and charm
We mourn our family and friends
Her name Titanic-Maiden beauty
She sits in sand and silt- now sails among the clouds

For now **Titanic** your maiden voyage flies
Among the clouds and starry night
To bring the souls of those within
Your guardian angels guide thee home
For now to heaven's rest

TITANIC —UN VIAGGIO INAUGURALE TRA LE NUVOLE— GLI ANGELI TI GUIDINO VERSO CASA

Titanic —Maestosa signora dell'oceano
Fanciulla dalle gonne virginee slegate dal mare
Fumaioli un tempo rumorosi per la gioia di navigare
Regina di Southampton, ora nella quiete dei pianti funebri
Adagiata su sabbia e melma —ora naviga tra le nuvole

Costruita con piastre di ferro e rivetti
Da operai del cantiere di Belfast Lough
Si ergeva alta ed eretta
Il suo nome Titanic —Bellezza inaugurale
Adagiata su sabbia e melma —ora naviga tra le nuvole

I suoi guardiani orgogliosi dell'importante personaggio
Gradirono la sua ospitalità
Diede loro una pausa di respiro
Il suo nome Titanic —Bellezza inaugurale
Adagiata su sabbia e melma —ora naviga tra le nuvole

Il mare si aprì impavido alla sua prua
Dando il via a nuove avventure
I transatlantici ammirarono la sua regalità
Il suo nome Titanic —Bellezza inaugurale
Adagiata su sabbia e melma —ora naviga tra le nuvole

Il mare ostile e freddo
La prese con forza bruta
La privò della sua grazia
Il suo nome Titanic —Bellezza inaugurale
Adagiata su sabbia e melma —ora naviga tra le nuvole

I suoi carichi presi senza permesso
Nel buio della notte
L'Atlantico indifferente e ostile
Il suo nome Titanic —Bellezza inaugurale
Adagiata su sabbia e melma —ora naviga tra le nuvole

Il suo dorso fu piegano fino a sanguinare
Il mare sparse sale sulle ferite
Urla e pianti dai ponti di legno spezzati
Il suo nome Titanic —Bellezza inaugurale
Adagiata su sabbia e melma —ora naviga tra le nuvole

Le scialuppe non ebbero la possibilità
Di salvare le persone che lei amava
Il mare fu crudele e spietato
Il suo nome Titanic —Bellezza inaugurale
Adagiata su sabbia e melma —ora naviga tra le nuvole

A poppa si udì una preghiera
Le orecchie del Cielo si aprirono alle grida disperate
Le nubi si aprirono con ali di speranza
Il suo nome Titanic —Bellezza inaugurale
Adagiata su sabbia e melma —ora naviga tra le nuvole

Gli Angeli sentirono le grida dell'umanità del Titanic
Volarono giù con premura e speranza
Corpi perduti nel ventre del Mare
Il suo nome Titanic —Bellezza inaugurale
Adagiata su sabbia e melma —ora naviga tra le nuvole

Dio mandò i suoi soldati angelici a custodire le anime
Cinsero la prora entro i confini delle loro ali
Per allontanare lo spirito maligno della notte e dare sollecita assistenza
Il suo nome Titanic —Bellezza inaugurale
Adagiata su sabbia e melma —ora naviga tra le nuvole

E' venuta a riposarsi nelle caverne dei morti per annegamento
Sepolta nella barriera corallina tenta invano
Di farli riposare per sempre nel suo scafo
Il suo nome Titanic —Bellezza inaugurale
Adagiata su sabbia e melma —ora naviga tra le nuvole

Noi l'abbiamo conosciuta nei nostri cuori
Attraverso coloro che sono rimasti
Noi piangiamo la tua grazia e il tuo fascino
Noi piangiamo la nostra famiglia e i nostri amici
Il suo nome Titanic —Bellezza inaugurale
Adagiata su sabbia e melma —ora naviga tra le nuvole

Perche' adesso **Titanic** il tuo viaggio inaugurale vola tra le nuvole
E la notte stellata per portare le anime di coloro che sono
Protetti dagli angeli custodi a guidarti verso il riposo celeste

TITANIC
I FRATELLI PERACCHIO

Due ragazzi e un sogno

TRADUZIONE ITALIANA DI CLAUDIO BOSSI

©2012, 2018, 2019, 2023 Angelica Harris Inc

Autore: Angelica Harris
Story Editor: Katie Gutierrez, 2012
Editor di revisione: Ashley Franklin, 2017
Traduzione Italiana di Claudio Bossi ©2018
Graphic design: MeisterWorks Progettazione Grafica

Fotografia:
Angelica Harris
copertina e circa l'autore ritratti: Rosaria Lucia Fotografia
Titanic recinto e *Titanic* Weekend, giugno 2017 eventi:
Deanna (Dee) M. Ryan-Meister e Neil Meister
Delegati TSAC, TIS-TSAC Titanic International Convention:
Sandy Gallo
Foto di gruppo del TIS-TSAC Titanic Convention: Darryll Walsh
delle immagini del documento fornito da Claudio Bossi, Italiano *Titanic* storico, interprete italiano Fubine, Alessandria, consulente per À la Carte equipaggio e Peracchio Fratelli Italia

ISBN 978-0-692-10678-5

www.twitter.com/webrowerjr

DEDICA

Questo libro è dedicato a Modesto Peracchio, che aveva confidato alla sua giovane nipote il proprio irrefrenabile desiderio di scoprire le vicende che avevano portato a bordo del *Titanic* due suoi fratelli, Sebastiano e Alberto, periti nel naufragio del 15 aprile 1912.

Mio zio Modesto per trovare risposte riguardo ai suoi fratelli maggiori si era rivolto a me quale storica del *Titanic*. Già durante le prime ricerche, il *Titanic* aveva incatenato il mio cuore e non lo ha più lasciato andare. E' diventato il mio angelo custode e mi ha portato in direzioni che non avrei mai immaginato. Sono grata per il dono di aver conosciuto il *Titanic*, non come un relitto remoto sotto la superficie dell'Oceano Atlantico, ma come un gioiello di grande bellezza e di grazia che ha donato gioia ai suoi passeggeri prima della sua tragica fine.

Il *Titanic*—salpato da Southampton, in Inghilterra, il 10 aprile 1912—aveva come meta la mia città, New York. L'attracco era previsto per il 18 aprile 1912. Sono andata spesso a Chelsea Piers, dove la nave avrebbe dovuto entrare trionfalmente in porto, e ho più volte immaginato il suo arrivo. Purtroppo quella non era che la nave dei sogni…

Al *Titanic* e a mio zio Modesto—al quale debbo il mio eterno affetto: la mia speranza è che questo racconto renderà loro giustizia.

—Angelica Harris, 2012

IN MEMORIAM

Dopo la pubblicazione di questo libro nel 2019, la Titanic Society di Atlantic Canada (TSAC) ha perso due membri rispettati e membri del Consiglio, che consideravo cari amici e colleghi.

Warren Ervine (4 giugno, 1934–12 ottobre 2020) è stato un membro impegnato e attivo del TSAC dal 2013. Ha partecipato a numerosi eventi e commemorazioni del RMS *Titanic*, oltre a sostenere un memoriale del Titanic per Halifax. Warren era il discendente di Albert George Ervine, suo zio nato e residente a Belfast, nell'Irlanda del Nord. Aveva solo 18 anni, l'ingegnere piu' giovane a servire sul *Titanic*. Albert ha avuto successo nel "mantenere le luci accese" fino a quando *Titanic* ha trovato-perì con la nave. Abbiamo parlato ampiamente dei nostri zii che hanno servito sul *Titanic*. *Vedi pagine, 87, 103 e 159.*

Alan Ruffman (10 luglio, 1940–28 dicembre 2022) è stato un membro fondatore e attivo di TSAC. Era un geologo marino, attivista civico e un appassionato storico dei disastri, con un focus sul *Titanic*. Era un professore aggiunto di geologia alla Dalhousie University, ad Halifax. Ha assistito personalmente nella ricerca storica sul Titanic del TSAC e avrebbe dato una mano a chiunque fosse interessato a conoscere la nave. Era una ricchezza di informazioni, e mi ha insegnato molto su *Titanic* e i miei zii nel breve tempo lo conoscevo. *Vedi pagina 162.*

Il 10 aprile 1912, il *Titanic* partì da Southampton, in Inghilterra.
Dopo una sosta a Cherbourg, in Francia, e a Queenstown, in Irlanda,
per raccogliere altri passeggeri, il *Titanic* fece rotta per New York.
Tuttavia, alle 23:40 del 14 aprile 1912, la nave colpì un iceberg
e cinque compartimenti del *Titanic* furono allagati dal lato di dritta.
Alle 2:20 del mattino del 15 aprile 1912,
la grande nave affondò nell'Atlantico settentrionale.
A causa della scarsità delle scialuppe di salvataggio e
della mancanza di procedure di emergenza,
1.518 persone scomparvero nella nave affondata o
morirono di freddo nelle acque gelide dell'Atlantico settentrionale.
La maggior parte dei 705 sopravvissuti erano donne e bambini.

I passeggeri provenivano da tutti i ceti sociali, dagli appertenenti
all'aristocrazia, alle famiglie che andavano in America alla ricerca di un sogno,
tutti erano pieni di entusiasmo nel godere dei lussi di quella nave.

— References:
History—On this day in history, and *Encyclopedia Titanica*

INDICE

Documenti 65
Dedica 115
Indice 117
Prefazione 119
L'autrice: Angelica Harris 121
Premessa 122
Parte I—Un cuore infranto 123
Parte II—Un cuore libero 129
Cinque anni dopo 142
Il *Titanic* e la mia famiglia 144
Il nome di una leggenda 148
Halifax, Nuova Scozia—il nuovo mondo 153
L'incontro con Richard al MMA 155
La celebrazione ai Giardini Pubblici di Halifax per
L'anniversario dei 150 anni del Canada 157
Mount Olivet, Fairview Lawn e Baron de Hirsch 160
Una domenica di riposo 163
Un'avventura attraverso il Tempo e il *Titanic* 165
Martedì con la TSAC Al MMA 168
Gli Archivi della Nuova Scozia 169
L'esplosione a Narrows, Halifax 171
Arrivederci Halifax 173
Epilogo: Ricordando un sogno come se fosse un incubo 175
Ringraziamenti 178

Al cimitero di Fairview Lawn meditando sulla tomba di Luigi Gatti, ristoratore e manager del ristorante à la carte in prima classe sul Titanic. 10 giugno 2017.

Prefazione

Tra le ultime ore della notte del 14 aprile e le prime ore del 15 aprile 1912 ci fu la tragedia: una delle più famose della storia dell'uomo. Una tragedia mondiale, che tutt'oggi affascina, spaventa e intriga, un prologo alle catastrofi che di lì a poco avrebbero travolto il mondo. Una tragedia destinata ad essere il manifesto del secolo scorso: quella del transatlantico RMS *Titanic*.

Quella sera, gli illustri passeggeri di prima classe con gli ultimi stappi di champagne salutavano la fine di un'epoca e inneggiavano all'inizio di un'altra, che speravano radiosa e che si rivelò tragica e violenta.

La maggioranza degli italiani a bordo della celebre nave, furono camerieri alle dipendenze di Luigi Gatti, direttore del fastoso Ristorante À la Carte di prima classe. Era lui l'abile gestore di quell'angolo di ricchezza e di delizia e fu lui ad arruolare personalmente i migliori camerieri, anche tra i nostri connazionali.

La specializzazione degli emigranti provenienti dall'alessandrino era il servizio nei ristoranti e negli hotel.

Tra le scelte che si prospettavano a chi emigrava in cerca di lavoro, due erano prioritarie: quella del luogo di destinazione e quella dell'attività lavorativa da intraprendervi una volta arrivato. In quegli anni la meta favorita era l'Inghilterra e in particolare Londra. Seguendo le orme di chi li aveva preceduti, i nuovi migranti sceglievano località dove si era già insediato un buon contingente di compaesani e lì optavano per lo stesso tipo di attività lavorativa intrapresa da questio ultimi.

Ecco dunque i fratelli Alberto e Sebastiano Peracchio, giunti nella capitale inglese da Fubine, Piemonte. Che opportunità per i due fratelli, poter lavorare su uno dei locali più alla moda e d'élite del pianeta intero!

Nelle edizioni del *Corriere della Sera*, immediatamente successive all'affondamento del *Titanic*, era stato riportato che i fratelli di Fubine si erano salvati!

Certo è che invece il fato e una delle più grandi tragedie del mare li sorpresero. Per loro, purtroppo, non vi fu nessuna via di scampo, Alberto e Sebastiano condivisero vita, lavoro e morte e l'Atlantico fu la loro tomba.

Ecco a cosa avevano portato il sogno americano e quello dei due fubinesi sull'inaffondabile *Titanic*, la nave più bella del mondo.

La loro storia, che vi apprestate a leggere attraverso la fresca scrittura e il lessico familiare di una loro nipote, Angelica Harris, continua a testimoniare la memoria di un passato appena trascorso che non deve essere dimenticato dalle generazioni future. È necessario ricordare la tragedia del *Titanic* anche per conservare la memoria dei milioni di nostri emigranti che attraversarono gli oceani per inseguire un sogno di libertà e di realizzazione e che incontrarono destini diversi, a volte anche fortunati ma spesso pieni di sofferenze.

—*Claudio Bossi, Maggio 2018*

Claudio Bossi, scrittore e storico, da anni si occupa di ricostruire la vicenda del *Titanic*. Considerato tra i più qualificati esperti internazionali della storia del celebre transatlantico, è chiamato a collaborare con giornali e riviste, radio e televisioni. Sovente tiene conferenze durante le quali illustra e testimonia fatti e misfatti di quella notte fatidica, in cui gente comune e gentiluomini scrissero, con le loro azioni eroiche o meschine, una pagina indelebile di storia.

Autore dei volumi *Titanic* (Giunti Editore—2012), *Gli enigmi del Titanic* (Enigma Edizioni—2016) e *Io e il Titanic* (Macchione Editore—2018). Curatore dell'omonimo sito internet www.titanicdiclaudiobossi.com, a Claudio Bossi nel 2015 è stato conferito il Premio Nazionale Cronache del Mistero.

L'AUTRICE: ANGELICA HARRIS

L'ATTIVISTA PER I DIRITTI UMANI Angelica Harris-LoCascio è un autore di successo, poeta laureato, imprenditore, sostenitore e altoparlante professionale. Angelica è nata a New York, il suo vero nome è Angela-Filomena LoCascio. Il suo amore per la scrittura è stato acceso in William Cullen Bryant High School quando ha usato la parola scritta per sfuggire alle difficoltà che ha affrontato a casa.

Angelica ha seguito le arti creative al Hunter College, studiando storia e teatro. Con una passione per la storia medievale, in particolare la tradizione arturiana, Angelica è l'autore di tre romanzi fantasy: *The Quest for Excalibur, Excalibur and the Holy Grail*, e *Excalibur Reclaims Her King*. Il suo quarto libro, *Excalibur and the Titulus of Christ*, è in programma per il rilascio nel 2025. Nel 2011, Angelica ha scritto la sua nota *Living with Rage-A Quest for Solace*, la storia di Angelica sul trionfo della violenza domestica e sessuale nella sua giovinezza.

Il 2005, Angelica ha fondato il Excalibur Reading Program, un'organizzazione senza scopo di lucro. Il programma di lettura Excalibur porta l'importanza della lettura, della scrittura e delle arti a tutti i bambini e alle organizzazioni dedicate ai bambini con esigenze particolari. Usa la sua storia personale per costruire una comunità umanitaria. Angelica crede che tutti noi possiamo diventare eroi nelle nostre vite.

Angelica ha approfondito la sua formazione presso Scuola di studi professionali e continui della Fordham University presso il Lincoln Center. Ha studiato Giustizia Sociale, Teoria Femminista, Scrittura per la Pubblicazione e Letteratura sulla Guerra e la Pace e il Romanticismo. È il destinatario dei premi per la lista del preside 2020–2021, 2021–2022. E' stata anche introdotta nel Programma Onorifico e ha ricevuto gli Alpha Sigma Lambda e Alpha Chi Omicron-Sigma Tau Delta Awards. Angelica si è laureata il 20 maggio 2023, con il suo Laurea in Lettere—In Cursu Honorum Magna Cum Laude. Siede orgogliosamente sul Consiglio di Directors – New York Corrispondente per Titanic Society di Atlantic Canada (TSAC) con il presidente Deanna Ryan-Meister e come Descendant Advocate e vicepresidente del Titanic Memorial Lighthouse di New York City.

Angelica è sposata con Giovanni LoCascio, hanno due figli grandi, Andrea e Giovanni LoCascio. John e' sposato con Jade LoCascio. Hanno tutti molti bambini di pelliccia non umani.

Per ulteriori informazioni su Angelica Harris, i suoi programmi, il coinvolgimento della comunità e la pianificazione per parlare di impegni, contattarla personalmente al 917-704-4905 o inviarla un'email all'indirizzo: angelicaharris57@gmail.com.

PREMESSA

Il sangue non è acqua e tiene insieme i legami della famiglia.

Questo racconto coinvolge due fratelli che, un secolo fa, con la loro determinazione a migliorare le proprie condizioni di vita, riuscirono a guadagnarsi un posto sui ristoranti di varie navi oceaniche—tra cui la più grande nave del mondo: la RMS *Titanic*.

Ci sono innumerevoli libri e film che documentano gli eventi di quella fredda notte di aprile quando la grande nave affondò. Tuttavia, la fine del *Titanic* è solo la punta di un iceberg della nostra storia. Sebastiano e Alberto Peracchio, di diciassette e vent'anni, avevano lasciato la casa natia insieme, avevano vissuto insieme, avevano lavorato insieme, e, alla fine, erano morti insieme.

Come molti altri parenti delle vittime, la famiglia Peracchio considerò il nome *Titanic* una parola apportatrice di una maledizione mortale, una parola che non dovrebbe mai essere pronunciata ad alta voce.

Un centinaio di anni dopo, la loro nipote Angelica Harris è riuscita a far scaturire la loro storia dalle ombre del passato. Anche se i loro resti non sono stati mai recuperati, il lavoro della Harris può aiutare a colmare lo spazio vuoto—dalla loro caratteristica casa in Italia alla fresca aria salmastra dell'Atlantico.

Con il suo scritto, la Harris ha condiviso non solo un patrimonio a lungo dimenticato da molti, ma ha mostrato anche come i due fratelli si inseriscono a pieno titolo in quel mito senza tempo che è il *Titanic*.

—William Brower
Storico del *Titanic* e autore di *Touched by the Titanic*
www.twitter.com/webrowerjr

aprile 2012

PARTE I

Un cuore infranto

Quando avevo diciassette anni, il mio insegnante di storia assegnò alla nostra classe, come compito, la scrittura di una tesina di venti pagine su di un argomento di nostra scelta. Avevo programmato di scrivere di Re Artù e della sua battaglia a Camlann. Ero ossessionata dalla storia medievale e da quelle tradizioni, avevo vinto anche dei premi sull'argomento—ma per una qualche ragione che non so spiegare, un altro argomento continuava ad attirarmi: era come se la RMS *Titanic* mi avesse ammanettata con la catena della sua ancora, insinandosi nel mio cuore.

Molte volte affrontato il dilemma tra me e me—cimentarmi su un soggetto che conoscevo e amavo oppure affrontare un territorio inesplorato?—Optai poi per il *Titanic*. Nel 1970, il *Titanic* era ancora considerato un evento "recente", quindi le informazioni non erano così largamente diffuse e disponibili nei libri di storia.

"Avrai bisogno di fare qualche ricerca in più", mi aveva detto il mio insegnante, Mr. Chahallis. "Prova alla Biblioteca di New York. Lì debbono avere dei microfilm, puoi documentarti."

La giovane storica che era in me era eccitata alla prospettiva di investigare; il sabato successivo fu dedicato a questa ricerca.

Quando arrivai alla Biblioteca di New York dal Queens, avevo temuto di aver preso la strada sbagliata e di essere finita alla Casa Bianca. L'edificio era vecchio, di mattoni bianchi e di marmo, con massicce colonne che si innalzavano fino al tetto. Salii i venticinque gradini per raggiungere l'entrata, dove sedevano due maestosi leoni di pietra come se stessero a guardia dei tesori custoditi all'interno.

Ero già in soggezione; oltrepassai due enormi ingressi dorati, realizzati in marmo bianco, a forma di arco: le pareti dell'atrio erano rivestite di pannelli in quercia. L'aria era fresca, e io respirai intensamente il profumo della carta e del cuoio. Poi, per raggiungere ciò che stavo cercando, proseguii sino a salire una grande scala a chiocciola in ferro e legno di cedro. Ai piedi della scala una donna robusta, sulla quarantina, era seduta dietro una scrivania, di mogano antico.

"Mi scusi, signora—dov'è la sezione di ricerca storica?"

Mi indicò il piano superiore. "Il ragazzo al banco informazioni ti aiuterà."

Salii le scale con la sensazione di aver viaggiato indietro nel tempo: delle pareti tinta avorio, punteggiate dal riflesso delle vetrate colorate, pendevano i ritratti di Ralph Waldo Emerson, Shakespeare e Mallory. Mi soffermai davanti all'effigie di ogni personaggio. Ero in buona compagnia, ma dove erano tutti i libri? Non ve ne era uno solo in vista.

Feci qualche passo su un pianerottolo rivestito di moquette, sino al banco informazioni: seduto lì dietro c'era un giovane uomo di circa vent'anni, con i capelli scuri e una camicia bianca. Le parole New York Library erano ricamate sul suo taschino di sinistra.

"Posso aiutarla?" mi chiese, alzando gli occhi verso di me.

"Si certo, per favore. Sto cercando libri sull'affondamento del *Titanic*."

Il ragazzo si voltò verso un armadio composto da cassetti su cassetti tutti zeppi di schede. Molto prima che i computer semplificassero questi tipi di ricerca, era in vigore il sistema decimale Dewey, cioè la classificazione di libri per titolo, autore e genere; allora ai volumi venivano assegnati dei numeri specifici dal bibliotecario in modo tale che il visitatore potesse facilmente trovarli sugli scaffali. Il giovane mi passò una scheda con i titoli scritti a mano e relativi numeri: *A Night to Remember* di Walter Lord, e *Sinking of the Titanic* di Logan Marshall.

"Vada dietro l'angolo a destra", mi disse. "Il bibliotecario della sala lettura troverà i libri per lei."

La sala di lettura era arredata con lunghi tavoli in mogano e con piccole lampade in ottone. Le pareti erano bianche, e le alte finestre erano circondate da lunghi scaffali; i toni ocra mitigavano la luce del sole. Mi accolse un uomo maturo che spingeva un carrello di metallo carico di libri. Gli passai la lista, e dopo pochi minuti, mi porse i libri affidandoli alle mie mani.

"Può sedersi qui." E indicò il tavolo alla mia destra. "Il mio nome è George. Se avesse bisogno di ulteriore assistenza, la prego di chiedere di me."

Mi sedetti su una sedia, in pelle, dallo schienale alto e consultai *A Night to Remember*. Il titolo era stato stampato con lettere dorate. Sulla copertina c'era il disegno del *Titanic* dopo che aveva colpito l'iceberg, con le scialuppe di salvataggio calate nelle acque dell'Oceano Atlantico.

Oltre alla storia scritta, il libro conteneva delle fotografie del *Titanic*. Il mio cuore accelerò i battiti mentre guardavo le foto del cantiere navale Harland & Wolff di Belfast, in Irlanda: vidi le lamiere della chiglia del *Titanic* montate l'una accanto all'altra. Gli uomini nella fotografia stavano inserendo i rivetti al loro posto. Pagina dopo pagina, vidi la costruzione del *Titanic*. Il mio cuore stava male, sapendo quello che sarebbe accaduto dopo. Aprii il mio taccuino Mead e cominciai a prendere appunti per la mia relazione. Trascorsi l'intera giornata di sabato in quella stanza, sfogliando questi libri.

Quella notte non riuscii a dormire. La mia mente era fissa sul *Titanic*. Volevo saperne di più.

Mr. Chahallis aveva stabilito che dovessimo portare le nostre note ogni venerdì in modo tale da poter valutare i nostri progressi. Ero perfettamente preparata quando Mr. Chahallis, autorevole con la sua giacca di tweed marrone e i capelli bianchi, venne alla mia scrivania; la mia relazione occupava già nove pagine di quaderno scritte a mano. Mi guardò con un sorriso di approvazione, poi si schiarì la gola:

"Angelica, questo è un ottimo inizio, ma sai cosa manca?"

Scossi la testa. "No, non lo so."

"Mi piacerebbe vedere la lista dei passeggeri e dell'equipaggio nella tua relazione." Con la voce quasi soffocata risposi: "Ma, signore, dove posso trovare un elenco del genere?"

"Vieni a trovarmi dopo la scuola, e ne parleremo."

Quel pomeriggio, Mr. Chahallis mi aiutò a cercare partendo dai miei appunti; il mio notebook aveva già la risposta: il New York Times, nei suoi archivi, aveva l'elenco. Ma per ottenere il materiale avevo bisogno di trascorrere un altro sabato fuori sede. Così facendo però stavo sperperando il sussidio che mi serviva per pagare le tasse universitarie, ma io ero decisa a non rinunciare al mio progetto.

Nell'edificio, sede della redazione del *New York Times*, poster giganti, con i principali titoli storici del giornale, coprivano le pareti. Lungo il tragitto, percorsi assieme alla storia del giornale i miei stessi ricordi: il presidente Kennedy, dell'omicidio di Martin Luther King, fino alla prima passeggiata sulla Luna. In cima alla scala mobile, vidi la foto di un ragazzo, Ned Parfett, immortalato con in mano un giornale sul marciapiede proprio di fronte agli uffici della White Star Line alla Oceanic House di Londra, in Inghilterra; il titolo recitava del giornale recitava: "Il disastro del *Titanic*—Grande perdita di vite".

All'ufficio informazioni un uomo robusto, con un abito scuro e capelli neri, era seduto dietro una scrivania in legno. Il fumo si diffondeva da un sigaro messo a riposo in un posacenere di ambra. Spiegai quello che mi serviva e l'uomo lasciò la sua scrivania. Dopo mezz'ora abbondante tornò con una piccola macchina che permetteva di svolgere un rotolo attraverso un cilindro metallico posto a lato.

"Si tratta di un lettore di microfilm", mi disse. "Usiamo questa manovella per visionare il contenuto." Prese la maniglia e la girò. Sul piccolo schermo apparve il titolo del giornale che avevo appena visto sulla parete. Poi trovai il mio tesoro: il 16 e il 17 aprile 1912, il giornale aveva pubblicato i nomi di coloro che erano a bordo in quel viaggio fatale. Mentre trascrivevo i nomi e l'età di ogni persona che aveva perso la vita, mi sentivo legata soprattutto a coloro che avevano pressappoco la mia età. Questi giovani uomini e donne potevano essere miei compagni di classe. Non riuscivo ad accettare che fossero morti.

Quattro mesi dopo aver ricevuto l'incarico, consegnai il mio elaborato. Mi sentivo intellettualmente ed emotivamente partecipe. Il *Titanic* mi aveva ipnotizzato con la sua imponenza e poi mi aveva spezzato il cuore con il suo destino. Ero così commossa che fotocopiai alcune immagini prese dai libri di storia, le incorniciai e le appesi sulle pareti della mia camera da letto. Su un foglio di carta, di quelli con i buchi laterali, disegnai anche una sagoma del *Titanic* che ho conservato fino ad oggi. Era come se fossi diventata impotente, attaccata alle lamiere del suo scafo.

Due settimane più tardi, Mr. Chahallis mi convocò nel suo ufficio.

"Lavoro ben fatto, Angelica." Con un sorriso, mi consegnò la mia relazione: A+. Alla laurea, avrei ricevuto un cordone d'oro d'onore del dipartimento di storia e una medaglia per la mia eccezionale dedizione al lavoro svolto.

Nel mese di dicembre del 1976, sei mesi dopo essermi laureata, incontrai quello che sarebbe diventato il mio futuro marito, John LoCascio. Quando il nostro rapporto era ormai diventato una cosa seria, John mi invitò ad unirmi a lui per una cena a casa dei suoi zii. I loro nomi erano Modesto e Angela Peracchio. I coniugi Peracchio erano due delle persone più gentili che Dio abbia mai posto su questa terra. Zia (traduzione in italiano di "aunt") Angela, una piccola e formosa signora italiana, mi accolse all'ingresso con un bacio, anche se era la prima volta che ci incontravamo. Zio Mo mi strinse la mano e, sin dal primo minuto che varcai la porta, mi offrì del cibo e del vino. Ero una principessa nella loro casa, una sensazione che a me era completamente sconosciuta. Ci intrattenemmo a cena sotto il pergolato che, con fiori e viti che si arrampicavano sulla ringhiera, sembrava il Giardino dell'Eden. Una fontana in marmo, circondato da statue di dei e dee, era al centro del giardino.

Dopo cena, zio Mo preparò il caffè e ci riunimmo tutti per il dessert in una sala al piano di sotto. Con mio grande stupore, adagiata su un tavolino c'era una foto ben incorniciata della RMS *Titanic*. Era lì in tutta la sua gloria, attraccata al molo di Southampton, in Inghilterra.

"È incredibile" dissi, prendendo tra le mani la foto del *Titanic*. "Sono la più afferrata della scuola in storia. Ho fatto un sacco di ricerche sul *Titanic*".

Modesto sollevò la foto accanto, guardando i due giovani che vi erano ritratti. "Questi erano i miei fratelli più grandi. Alberto e Sebastiano Peracchio." La sua voce era carica di tristezza.

"Cosa accadde loro?"

"Erano membri dell'equipaggio. Sono affondati con il *Titanic* il 15 aprile 1912."

"Quanti anni avevano?"

"Alberto, quello seduto nella fotografia, aveva vent'anni. Sebastiano, il ragazzo in piedi, ne aveva diciassette."

Trattenni il fiato. Anch'io avevo diciassette anni quando scrissi la mia relazione di venti pagine, e Sebastiano aveva diciassette anni quando morì. Da quel momento, il *Titanic* per me non rappresentò più un argomento di storia; rappresentò la storia in carne e ossa, e il dolore riempì il mio cuore; dolore per due ragazzi e per una nave piena di persone che non avevo mai conosciuto. Zio Mo chinò la testa con un sorriso dolceamaro mentre le lacrime gli riempirono gli occhi. Anche se era attorno ai sessanta-settanta anni, era bello come i suoi fratelli. Si asciugò una lacrima dalla guancia e io immaginai che, se era una così brava persona, anche i suoi fratelli dovessero essere come lui.

"Siediti" mi disse, con il suo incantevole accento italiano. "Ti racconterò di loro, se vuoi."

Certo che lo volli. Mi sedetti di fronte a zio Mo e stetti ad ascoltarlo, rapita, mentre mi parlava dei suoi fratelli maggiori.

"Alberto era nato nel 1892 a Fubine. Questo paese è in provincia di Alessandria, in Italia. Sebastiano era nato nel 1893*. Erano i primi figli di Luisa e Carlo Peracchio, i miei genitori."

Esaminai la foto che zio Mo aveva in mano.

"Erano così belli."

"Infatti." Zio Mo sorrise. "Mio padre aveva lavorato e si guadagnava da vivere immagazzinando le merci nelle stive di alcuni transatlantici. Con il tempo i miei fratelli erano diventati tredici, e tutti lavoravano stabilmente con mio padre".

"E la scuola?" chiesi, anche se pensavo di immaginare la risposta.

---

* 1893 nel testo originale. Trattasi di un refuso poiché Sebastiano era nato il 10 maggio 1894

"I ragazzi sono stati educati all'interno della chiesa", mi disse, confermando la mia ipotesi. In quei tempi, le scuole erano solamente per i ricchi o per chi conduceva una vita in loco. Se svolgevi un lavoro nei cantieri navali, ben difficilmente potevi avere una vita regolare e dovevi lavorare duramente per tante ore, non importava che età avessi.

"Mo, Angelica, il caffè si raffredda", disse zia Angela. Mi porse la tazzina e mi sorrise. John, il mio ragazzo, era seduto tranquillamente in fondo alla stanza, stava mangiando la sua torta.

"Alberto amava il suo lavoro e, periodicamente, aveva lavorato per le navi; caricava con rifornimenti alimentari e allestiva i corredi necessari ai passeggeri che viaggiavano per luoghi lontani." Zio Mo fece una pausa. "Anch'io lavoravo per le navi, quando ero un ragazzo."

Zio finalmente prese un sorso di caffè. Ero affascinata.

"Alberto parlava correttamente italiano, francese, tedesco e inglese", mi raccontò. "Poiché era dotato per le lingue, era finalmente riuscito a trovare lavoro sulle banchine d'Italia e in Francia, che dista solo quaranta minuti di treno da Fubine. Aveva lavorato sulla nave gemella del *Titanic*, l'*Olympic*, e, per essere più vicino al suo posto di lavoro, si era trasferito in Inghilterra. Ha finito con il lavorare nel settore della ristorazione. Sebastiano ha seguito le sue orme". Sospirò e la sua voce si abbassò. "Avevo quattro anni quando loro morirono."

Potevo sentire in quelle parole la tristezza di un ragazzino. "Che cosa accadde dopo?"

"La mia famiglia era distrutta. Era così difficile da accettare che nessuno ne voleva parlare. Non so esattamente dove vivessero prima del *Titanic* o addirittura come siano finiti lì."

Ci fu un momento di silenzio quando zio Mo fece scorrere il suo dito lungo il bordo della cornice del portafotografie.

"Tu sei una storica," mi disse zio Mo, "pensi di potermi aiutare a scoprire cosa successe ad Alberto e Sebastiano? Potresti trovare per me dove vivevano, come trascorrevano la loro esistenza prima di morire?" Prese dalle mie mani la tazza di caffè che lui stesso mi aveva offerto e la mise sul tavolino. "Dopo tutto questo tempo, voglio sapere."

La mia mente vacillò. Avevo un fratello più giovane, Adam, e non riuscivo a immaginare il dolore di non sapere nulla della sua vita. In più, anche se avevo appena conosciuto zio Mo, già lo amavo con tutto il cuore. Non avevo idea da dove cominciare, ma volevo aiutarlo.

"Sì", dissi. "Lo farò".

PARTE II

Un cuore libero

IL TEMPO PASSAVA RAPIDAMENTE dopo che zio Mo mi aveva chiesto di far ricerche riguardo ai suoi fratelli. Avevo lavorato a tempo pieno, mi ero fidanzata e avevo sposato John nel mese di settembre del 1980. A intervalli, ero tornata nelle biblioteche per ciò che stavo cominciando a chiamare "ricerca e soccorso". Era come se mi stessi scontrando contro un muro. Ogni libro presentava la stessa storia—il *Titanic* era stato costruito, varato, aveva navigato ed era affondato. Questo era tutto! Non c'era alcuna menzione dei fratelli Peracchio.

Nel mese di ottobre del 1981, zio Mo subì un brutto colpo quando perse la sua bella sposa dopo oltre cinquant'anni di vita comune. Quando John e io facemmo visita a zio Modesto, per una cena, lui mi chiese di sedermi sulla sedia di zia Angela, della quale condividevo il nome, proprio accanto a lui. Parlammo delle mie ricerche e, anche se non mi fece mai pressione per avere delle risposte, potei immaginare la delusione di zio Mo nel sapere quanto poco avevo trovato fino ad allora.

Così, tornai sui miei passi, raccolsi tutto quello che potei trovare nelle biblioteche circa il *Titanic*, ma la ricerca era infruttuosa come il solito. Poi, nel mese di settembre del 1985, il *New York Times* pubblicò un pezzo su un uomo di nome Robert Ballard.

Il 1 settembre 1985 Dr. Ballard aveva scoperto il relitto del *Titanic* nell'Atlantico a 95 miglia al largo delle coste della Nuova Scozia. Al ritrovamento del *Titanic* rivolsi la mia attenzione a questa notizia. Nel numero di dicembre 1985 del *National Geographic*, avevo trovato un bellissimo articolo sui risultati del Dr. Ballard, il quale entro dicembre dell'anno successivo, sarebbe tornato al relitto con un sommergibile chiamato JJ. A quel punto, furono portati alla luce più indizi utili a capire i momenti finali della nave e gli storici si occuparono di questo.

Nel dicembre dello stesso anno furono pubblicati, *Titanic: Destination Disaster* e *Titanic: Triumph and Tragedy*, entrambi di John P. Eaton e di Charles A. Haas, e *Titanic Survivor* di Violet Jessop. Divorai *Triumph and Tragedy* in due giorni e in esso trovai il mio primo potenziale indizio circa i fratelli Peracchio. A pagina novantatré lessi di un uomo di nome Luigi Gatti, che possedeva diversi ristoranti e scuole di cucina in Inghilterra. Zio Mo mi aveva detto qualcosa a proposito dei ragazzi che lavoravano in un ristorante in Inghilterra, ma non sapeva chi fosse il proprietario né esattamente dove si trovasse. Chiamai zio Mo quella notte.

"Hallo!" Disse Zio nel suo accento italiano.

"Zio! *Come stai?*"

"Angelica, *sto bene, amore mio.*" Le sue parole erano sempre piene di affetto.

"Zio, ho letto un nuovo libro sul *Titanic*".

"Hai trovato i miei fratelli?" chiese eccitato.

"No, non ancora, ma il libro parla di un uomo di nome Gatti, che ha insegnato in una scuola culinaria e ha lavorato sulle navi."

Ci fu una lunga pausa prima della fine della chiamata. "*Amore mio*, potrebbe essere, ma non conosco nessuno con il nome di Gatti." La sua voce era un po' imbronciata.

"Va bene, Zio, ma ho intenzione di continuare a lavorare su questo e di tornare da voi."

"*Ciao, a domani!*", disse poi riattaccò il telefono.

"A domani", dissi di nuovo.

Mentre mia figlia neonata, Andrea, dormiva, mi sedetti al tavolo della sala da pranzo a leggere i miei libri cercando di tracciare una sorta di calendario della vita dei ragazzi. Sapevo che Alberto aveva lasciato Fubine nell'estate del 1909, all'età di diciassette anni. Aveva lavorato sul *Lusitania*, era tornato a casa, aveva continuato a lavorare sulle banchine con suo padre e poi aveva trovato lavoro sull'*Olympic*, sorella maggiore del *Titanic*. Poi s'innamorò dell'Inghilterra, come zio mi aveva detto. Quando cominciai a scrivere il tutto sul mio notebook, tornai alla pagina novantatré anni e rilessi il passo in cui era scritto che il Gatti aveva assunto giovani direttamente dal porto, perché lavorassero alla sua scuola. Forse Alberto era uno di loro ... poteva essere?

Secondo il libro, il Gatti—un italiano—aveva vissuto in Inghilterra e lavorato per i ristoranti dell'"alta società" sul *Lusitania*, sul *Mauritania* e sull'*Olympic*. Il corpo di Gatti era stato sepolto nel cimitero di Fairview Lawn, nei pressi di Halifax, e molti dei documenti del *Titanic* erano stati archiviati nel vicino Museo Nuova Scozia RMS *Titanic*.

Verso la fine dell'inverno del 1986, zio Mo versava in cattive condizioni di salute e portammo Andrea a far la sua conoscenza. Tenne la mia bambina come se fosse sua, cullandola tra le sue braccia muscolose e cantandole in italiano. Faceva piccole smorfie e sorrideva cantando. Mentre preparavo la cena nella sua cucina, potevo sentirlo cantare per lei:

"Bella bambina del mio cuore, i miei fratelli sono morti sul *Titanic*, lo zio Sebastiano e lo zio Alberto, bambina amore mio!"

Si udì il rumore dei piatti quando mio marito John si mise ad apparecchiare la tavola. La tavola dello zio era sempre bella, anche dopo la scomparsa di zia Angela. La teneva coperta con la sua abituale tovaglia di pizzo italiano, decorata con candelabri d'oro e fiori freschi del giardino. John aveva apparecchiato con piatti di porcellana e i calici, per il vino bianco francese, erano di cristallo abbelliti con decorazioni in oro—incantevoli!

Zio Mo aveva insegnato a John come apparecchiare una tavola formale. Come i suoi fratelli, si era specializzato nelle arti culinarie. Prima di andare in pensione, era stato un capocuoco in un bistrot italiano popolare a Manhattan, chiamato Sardi. Amava il suo lavoro e raccontava fantastiche storie di attori famosi che frequentavano il ristorante.

Nel mio cuore, per zio Mo, avevo timore del tempo che trascorreva. Ogni giorno era sempre più solo per la mancanza di sua moglie—era scomparsa ormai da cinque anni—dei suoi fratelli e di suo figlio, Dennis, che era scomparso venti anni prima. E se zio non avesse avuto le mie risposte prima di chiudere gli occhi e raggiungere i suoi familiari?

La cena era pronta, e Zio che aveva cullato Andrea con la sua tenera canzone la mise dolcemente nella sua carrozzina e si sedette accanto a me. A Zio piacque il nostro vino e ne versò un bicchiere a ciascuno di noi.

Cominciai a servire la pasta, e come sollevai il piatto dello Zio, un pensiero mi venne in mente. "Zio, so che eri piccolo quando i tuoi fratelli sono morti, ma in uno degli articoli che ho letto c'era scritto che i passeggeri e i membri dell'equipaggio inviavano telegrammi a parenti e amici."

Zio posò la forchetta. "Sì", disse, chiudendo gli occhi. "C'era un telegramma che Alberto aveva inviato dalla nave. Anche se ero piccolo, mi ricordo che mia madre si arrabbiò dopo averlo letto."

"Stava dicendo alla Nonna che la nave stava affondando?"

"No, Alberto stava dicendo alla Mamma che stava facendo un apprendistato per diventare un dipendente ufficiale sul *Titanic*".

"Perché era così sconvolta?", domandò John.

"La mamma voleva che i ragazzi tornassero a casa a continuare a lavorare con nostro padre sulle banchine. Non le piaceva avere i suoi figli così lontani."

Guardai Andrea, che dormiva nella sua carrozzina. "Posso capire. Zio, hai ancora questo telegramma?"

Zio lentamente bevve il resto del suo vino. Poi mi prese la mano e, con gli occhi azzurri tristi, mi disse: "E' andato perduto in un incendio che abbiamo avuto in garage dieci anni fa."

Sospirai per la delusione.

"Avevo dimenticato l'esistenza di quella comunicazione fino a poco fa", aggiunse.

Sulla strada di casa, quella notte, pensai al telegramma che la mamma dello Zio aveva ricevuto. Anni prima, quando avevo scritto il mio rapporto per il liceo, avevo saputo che la Marconi Wireless Telegraph Company aveva diretto tutto il traffico di telegrammi sul *Titanic*. Forse era arrivato il momento di rivedere un vecchio amico: l'edificio del *New York Times*.

Un sabato, quando mio marito era fuori per lavoro, trovai la mia occasione. Nulla era cambiato negli anni da quando ero stata lì l'ultima volta, solo che adesso c'era una stanza piena di IBM, nuove macchine chiamate "computer". Il banco informazioni era accanto a quella stanza di IBM. La scrivania era più piccola di quanto la ricordassi, e la donna seduta dietro prese le mie richieste e tornò con i microfilm in mano; mi indicò il lettore e riprese nuovamente il suo posto alla scrivania.

Mi sedetti nella stanza ora illuminata dalla luce fluorescente e misi il cilindro nella custodia. Non appena l'illuminazione dello schermo passò dal nero al verde, capii che non ero più una studentessa della scuola superiore intente a vagliare i materiali per una tesi. Ormai ero una donna di ventinove anni e una madre. Stetti a pensare per un attimo. Non potevo immaginare di perdere la mia splendida bambina. Il cuore di nonna Peracchio doveva essersi frantumato in un milione di pezzi nel perdere i suoi ragazzi così tragicamente. L'idea mi strappò il cuore.

Trattenni il respiro e girai la manopola, ascoltai il ronzio tranquillo della bobina che iniziava a girare. Questa volta, i titoloni dell'inabissamento del *Titanic* non erano niente in confronto ai sentimenti personali di una ragazza impegnata in una relazione scolastica. "I miei zii erano su quella nave, e sono morti", pensai. Un dolore mi prese alla bocca dello stomaco, così angosciante come se il *Titanic* fosse affondato quel giorno.

Un'ora più tardi, tornai con il lettore di microfilm e le pellicole dal bibliotecario. "Mi scusi, per caso ci sono dei documenti riguardanti la Marconi Wireless Telegraph Company e il *Titanic*?"

Il bibliotecario setacciò attraverso i suoi archivi e tornò con due bobine. Tornai nella stanza di osservazione e pregai, "Per favore, mia bella signora, indicami i miei zii. Lo zio non sta bene. Ha bisogno di te."

Ma fu inutile; il microfilm era sulla creazione della macchina del telegrafo, sul modo in cui era operativa sulle navi e in tempo di guerra. Infastidita, rimossi il microfilm e lo sostituii con la seconda bobina che il bibliotecario mi aveva dato. La data sul titolo mi aveva colpito: il 23 aprile 1912. Era il giorno del mio compleanno, ma di molti anni prima della mia nascita. Afferrai la manovella caricai e visionai il contenuto.

Lo schermo verde scuro mostrò i nomi di alcune vittime tra i membri dell'equipaggio, trovate dalla *Mackay-Bennett*, una nave posacavi.

Il mio cuore accelerò i battiti mentre scorrevo il mio dito sullo schermo: Luigi Gatti, direttore, Ristorante À la Carte, *Titanic*. Poi c'era la lista del suo personale—inclusi S e A Petracko, assistente camerieri. Lessi i nomi più e più volte. Le iniziali erano corrette, ma il cognome era tutto sbagliato. Malgrado ciò questi avrebbero potuto, comunque, essere i ragazzi?

Trascorsi il resto del pomeriggio a consultare un microfilm dopo l'altro.

I miei occhi erano ormai stanchi, resi il microfilm e tornai a casa. Sul treno, una sensazione di sconfitta si era impossessata di me. Mi sentivo così vicina, eppure così lontana.

* * *

Alcuni anni dopo, incontrai una donna di nome Eva. Era una nipote di zio Modesto da parte del fratello maggiore Giorgio. Eva era una donna di circa una sessantina d'anni, alta e sempre ben vestita. L'avevo interpellata diverse volte per la mia ricerca e, anche se l'avevo vista alle riunioni di famiglia, quando le chiedevo dei suoi zii lei mi rispondeva che non voleva avere niente a che fare con loro.

"I ragazzi sono morti inutilmente su quella nave maledetta e la mia famiglia, tanto per cominciare, non approvava che loro navigassero." Eva posò la sua tazza di caffè, i suoi occhi mi folgorarono. "Zio Alberto divenne un cittadino inglese e questo fu un motivo in più per dimenticare. Alla nonna e al nonno non piaceva che il loro figlio avesse tradito la sua famiglia e la sua Italia".

Fece cadere il discorso e non disse più una parola. Conoscevo abbastanza i miei zii per capire che, se non volevano parlare di questo argomento, avrei dovuto lasciar perdere.

Anche in questo caso, il tempo passava sempre più velocemente di quanto avrei voluto che facesse.

Alla fine dell'aprile del 1986, zio Mo fu ricoverato in ospedale per una polmonite e anche per problemi di cuore. Mio marito e io andammo a trovarlo.

"*Mia cara*", mi disse appena entrati nella stanza. Avevo una strana sensazione, un sentore di panico: la morte era sul suo volto.

Gli tenni la mano mentre mormorava "*Titanic*".

"Lo so, Zio. Sto ancora cercando."

Ripresi la mia frenetica ricerca, leggendo ogni libro che possedevo in merito al *Titanic* più e più volte, con la speranza che avessi perso qualche passaggio.

Anche in questo caso, non trovai nulla.

Ai primi di maggio, in prossimità della festa della mamma, rilessi un passaggio del *Triumph and Tragedy* riguardante il Museo del *Titanic* in Nuova Scozia.

Iniziai a stendere una lettera a loro indirizzata ma l'interruppi quando mia figlia si ammalò con la febbre alta. Lei aveva cinque mesi, e quello fu il suo primo malessere all'orecchio con infezioni alla gola. Trascorsi la settimana successiva a prendermi cura della mia bambina. Poi ricevemmo la telefonata che avevamo temuto.

"Mamma, cosa c'è che non va?", chiesi a mia suocera, che piangeva dall'altro capo del filo.

"Modesto sta morendo, tesoro. Abbiamo bisogno che tu e John veniate qui il più velocemente possibile."

John mi prese la cornetta del telefono e io andai nella cameretta di mia figlia. Andrea era troppo malata per essere portata fuori città. Mi sarei dovuta dividere in due, ma dovevo stare con lei. Proprio la mattina successiva, quando John stava per lasciarci, il telefono squillò.

Vidi mio marito sedersi, aveva il volto pallido. Non dovetti ascoltare le sue parole. Mi sedetti accanto a John e gli misi la mano sulla sua spalla.

Mi guardò, e quando staccò il telefono dall'orecchio, disse: "Zio Mo è morto venti minuti fa."

I miei occhi caddero sull'immagine del *Titanic* che avevo incorniciato e che avevo poggiato sulla mensola del camino.

Così ora Zio, avevo pensato, tu sei con loro.

* * *

Dopo qualche giorno, Andrea era in via di guarigione. Eravamo in grado di partecipare al funerale di Zio quella settimana. Nella bara, con il vestito nero sembrava stesse semplicemente dormendo. Recitai una preghiera in silenzio e misi la foto del *Titanic* accanto a lui. Ora ero in lutto per tre uomini: zio Modesto, zio Alberto e zio Sebastiano. Mi ricordai dello zio sulla sua sedia a dondolo con mia figlia in braccio e mi sentii come se avessi fallito.

Era stata dura, ma decisi di intraprendere nuovamente la ricerca promessa allo zio. Chiamai mia cugina Eva, sperando che si sarebbe confidata con me e alla fine mi avrebbe dato qualche risposta.

"Andiamo Eva, avevo promesso allo zio che avrei trovato i suoi fratelli—per favore!"

Finalmente, l'avevo sentita vacillare. "Da quello che mio padre mi raccontava, i ragazzi avevano vissuto in una città nel Surrey, vicino a Londra", mi disse, con la sua voce un po' burbera.

"Puoi dirmi qualcos'altro sulla zona?"

"Questo è tutto ciò che avevamo saputo."

"Che mi dici di quest'uomo di nome Gatti—loro lo conoscevano?"

"Eh, è tutto, quello che è stato è stato", disse. "Non si possono riportare indietro".

Dopo la mia chiamata a mia cugina Eva, mi rimisi a leggere *Titanic: Destination Disaster—The Legends and the Reality* da John P. Eaton e Charles A. Haas. Era come se una forza mi avesse obbligato a leggere quelle pagine più e più volte. Mentre mia figlia sonnecchiava, cominciai a rielaborare testi per il *National Geographic* e per il mio libro *Titanic*, provando scrivere la storia del viaggio dei miei zii e del *Titanic*. I miei occhi caddero su immagini di piatti di fine porcellana blu e oro, con il logo della White Star Line, recuperate dalla zona dei resti della nave. Nella mia mente, potevo vedere Alberto e Sebastiano servire i loro ospiti, ma ora avevo bisogno ben di più di quello che i libri e le riviste mi offrivano.

Ero stanca di leggere e di aspettare per avere risposte. Anche se sapevo che la telefonata sarebbe stata costosa, contattai l'operatore a New York City e una voce femminile mi aiutò a individuare il numero di telefono che cercavo.

"Ciao, RMS *Titanic* Nuova Scozia", mi disse una donna. "Sono Sophia. Posso aiutarla?"

"Sì, Sophia, spero che lei possa farlo. Il mio nome è Angelica e sono la nipote di Alberto e Sebastiano Peracchio. Erano membri dell'equipaggio del *Titanic*."

"Sì, i giovani del Ristorante À la Carte".

Mi colse alla sprovvista, e le dissi: "Sai chi sono?"

"Oh sì. Io conosco i nomi di tutti coloro che navigarono sul *Titanic*".

Incoraggiata a sperare dissi: "Per molti anni ho provato a rintracciare il luogo in cui si trovavano i miei zii prima che si imbarcassero sul *Titanic*. Mi chiedevo anche se, per un qualche miracolo, fossero stati ritrovati e sepolti al Fairview."

In *Triumph and Tragedy*, avevo saputo che, delle quasi tremila persone che erano a bordo, furono recuperati dal mare solo poco più di trecento corpi. Mentre le famiglie dei passeggeri di prima classe reclamarono le spoglie dei loro congiunti, purtroppo molti non furono così fortunati e a loro, il governo della Nuova Scozia riservò uno spazio in due cimiteri diversi. Uno di questi era il Fairview Lawn Cemetery di Halifax, dove avevo letto che era stato sepolto il Gatti.

Ci fu una pausa. "Le passo Mr. Richard MacMichael. E' la nostra massima autorità per competenza su tutto quanto riguardi il *Titanic*".

Sentii un leggero clic e pochi secondi dopo: "Pronto, io sono Mr. MacMichael."

Il mio cuore quasi cessò di battere nel petto. Avevo letto di quest'uomo in almeno quattro libri e ora stavo parlando con lui. "Buongiorno signore, mi auguro che lei possa aiutarmi a trovare i miei zii."

"Posso chiederle il suo nome?"

Mi presentai e spiegai la situazione.

"Se posso chiederle, vorrei sapere in che modo è imparentata con i fratelli Peracchio" domandò.

"Io sono la nipote acquisita. E' mio marito, John, il nipote."

"Capisco. E perché sta facendo questa ricerca?"

"Signore, mio zio Modesto aveva solo quattro anni quando i suoi fratelli erano a bordo del *Titanic*. Sin da allora, voleva sapere che cosa fosse loro successo."

"Sapete da dove arrivavano?"

Io nervosamente sfogliavo i libri sul mio tavolo. Se avessi dato una risposta sbagliata, avrebbe pensato che lo stavo prendendo in giro. "Sì. Venivano da Fubine, Alessandria. Italia. Signore, sotto il nome di Mr. Gatti erano elencati i membri del suo equipaggio che erano annegati con lui. Due dei nomi erano S. e A. Petracko. Non sono sicura se quelli erano i miei zii, siccome io non sono riuscita a trovare i primi nomi completi e il cognome è sbagliato… ma suonano simili, non è vero?"

Udii un leggero fruscio, come se stesse frugando tra le pagine di un libro.

"Solo un secondo …", mormorò.

"Signor MacMichael, è da tanto tempo che ho iniziato questa ricerca. Avete delle risposte per me?"

Si schiarì la gola. "Sig.ra LoCascio, ho una famiglia qui nel mio archivio con origini molto simili, ma debbo dirvi il cognome è scritto P-E-T-R-A-C-C-I-O."

Rimasi quasi senza fiato. Ero così vicina. Guardai oltre, a una foto di zio Mo che teneva mia figlia in braccio e pregai in silenzio, Dio, per favore, fate che *finalmente lui li trovi*.

"Beh, forse questo l'aiuterà," dissi. "Avevano vissuto in Inghilterra prima di servire sul *Titanic*. Alberto era diventato un cittadino inglese, ma Sebastiano è morto che era ancora un cittadino italiano".

"Credo che stiamo parlando delle stesse persone. Mi permetta di leggerle quello che ho qui scritto nei miei libri."

Trattenni il respiro che stavo per prendere.

"Alberto e Sebastiano Petraccio avevano lasciato i genitori Luisa e Carlo Petraccio, i fratelli Giorgio e Modesto, e la sorella Antonietta. Venivano da Fubine, Alessandria, Italia ... e risiedevano al 4 Dean Street, Richmond, Londra al momento della loro morte."

4 Dean Street, Richmond, Londra! Finalmente, dopo tanto tempo, avevo un indirizzo! Sentii nei miei occhi calde lacrime. Perché lo zio non aveva potuto essere qui? Avrebbe tanto gioito in questo momento.

"Sono loro!" gridai. "Ma signore, il cognome è sbagliato. E' stato scritto male e in modo diverso in ogni documento che ho letto."

"Sì," mi disse. "Molti membri della famiglia avevano problemi di localizzazione dei passeggeri e dell'equipaggio a causa degli errori di ortografia. Vi prego di onorare il nostro museo e mi dica come si scrive il loro vero cognome?"

"Molto volentieri." Mi sentii gonfia d'amore e d'orgoglio. "È P-E-R-A-C-C-H-I-O!"

"Meraviglioso. Posso trasmettere la presente ad ogni museo del *Titanic* nel mondo che ha, ufficialmente registrati negli archivi, i nomi dei vostri zii".

"Oh, signore, mio zio Modesto sarebbe stato così felice di sentire questo."

"Posso supporre che sia morto?", domandò Mr. MacMichael.

"Si signore. Speravo di potergli dare questa notizia prima della sua morte, ma altre questioni hanno avuto la precedenza e questo purtroppo non è accaduto."

"Beh, se si crede in un potere superiore, sappiate che vostro zio è con i suoi fratelli."

"Sì, signore—lo credo!"

Fui sul punto di dire arrivederci quando decisi di porre un'altra domanda. "Signore, so che i loro ruolini ufficiali di servizio si trovano a Southampton. Pensa che Lord Lewin sarebbe così gentile da inviarmeli?"

Lord Reginald Lewin era il presidente dei fiduciari museali presso il Museo Marittimo di Southampton, in Inghilterra.

"Penso che lo farebbe", mi rispose Mr. MacMichael. "Tutto quello che dovete fare è scrivergli. Avete bisogno del suo indirizzo?"

"No, signore, è scritto nel libro *Titanic*." Appoggiai la mia mano libera sul libro.

"Sig.ra LoCascio, sappiate che se mai capitaste in Nuova Scozia, il museo ospiterà la vostra famiglia ed io sarò lieto di incontrarvi".

"Grazie, signore."

Appoggiai il ricevitore del telefono e mi diressi verso la foto di Zio. "Hai sentito, zio Mo? Hanno cambiato l'ortografia e ora i ragazzi non saranno più dispersi." Mi sentii sollevata dalle spalle il peso della mia promessa. Avevo finalmente capito dove erano vissuti i ragazzi prima di salire a bordo del *Titanic*. Ma… qual era la loro storia?

Dalle continue conversazioni con gli altri membri della famiglia, aggiunte a quello che sapevo, cominciai a creare una narrazione dei fratelli Peracchio nella mia mente. Alberto aveva lasciato l'Italia per inseguire i suoi sogni e aveva preso in affitto l'appartamento al 4 Dean Street a Londra. Aveva bisogno di un reddito garantito, per pagare il suo vitto e alloggio, e il lavoro l'aveva trovato da un ristoratore di nome Luigi Gatti che possedeva una scuola di cucina a Londra. Presumo (pura speculazione, mi spiace) che Gatti avesse notato con interesse Alberto perché parlava tante lingue. Gatti dovette essere stato così colpito dal giovane che lo ammise come studente e poi lo assunse come assistente cameriere nel suo ristorante. Immagino che, nel ristorante, le signorine fossero felici quando Alberto, affascinante per i bei lineamenti, le serviva con classe ai loro tavoli. Alberto probabilmente non sapeva ancora che Gatti gestiva i ristoranti alla carta su certe navi, come l'*Olympic*, la *Hamburg Amerika* e la *Mauritania*. Questi locali di prima classe costituivano, per l'alta società, una sorta di seconda sala da pranzo; i passeggeri benestanti, che non erano soddisfatti del menù del salone principale, potevano usufruire, in quelle sale, di pasti personalizzati.

Nel marzo del 1911, a Mr. Gatti venne affidato dalla White Star Line la gestione del Ristorante À la Carte della RMS *Titanic* di nuova costruzione. Gatti fu incaricato di servire l'élite dei passeggeri provenienti da tutto il mondo, tra cui John Jacob Astor, Benjamin Guggenheim, Molly Brown, e Mr. e Mrs. Straus, i proprietari dei grandi magazzini dell'impero Macy. Gatti selezionò il suo equipaggio; alcuni membri erano suoi cugini, altri erano studenti lavoratori. Uno di questi dipendenti era Alberto.

Col passare del tempo, avvicinandosi per il *Titanic* il momento di lasciare l'Inghilterra, Gatti si rese conto di essere a corto di personale. Chiese ai suoi dipendenti se qualcuno avesse fratelli che fossero interessati a lavorare sulle navi. Alberto raccomandò suo fratello minore, Sebastiano. Gatti probabilmente gli diede i soldi per mettere sotto contratto il fratello, e Sebastiano sarebbe stato felice di avere quel lavoro. Lo zio mi aveva detto che Sebastiano era geloso del fatto che suo fratello era stato in giro per il mondo, mentre lui lavorava con il padre sulle banchine. E anche se Sebastiano non era stato un figlio ribelle che cercava di costruirsi una vita sua, quando Alberto lo invitò, fece i bagagli e se ne andò di corsa.

Sebastiano velocemente raggiunse il fratello nell'appartamento di Londra. I due andarono a lavorare ogni giorno e probabilmente frequentarono la stessa compagnia; zio Mo mi aveva detto che erano molto uniti. Sebastiano aveva dimostrato di essere un giovane laborioso e aveva cominciato a impratichirsi sotto la guida del fratello maggiore per lavorare sulle navi. Sei mesi prima che il *Titanic* salpasse, Gatti prese Alberto con lui sull'*Olympic* mentre Sebastiano rimase a terra e lavorò nel ristorante. Alberto, con i suoi ricci capelli castani, la carnagione olivastra, le spalle larghe e i vivaci occhi azzurri, doveva essere stato un Adone del mare.

Gatti sapeva che Alberto voleva diventare un dipendente ufficiale della White Star Line, così scrisse una raccomandazione per lui. Nel momento in cui il *Titanic* era stato attrezzato per il suo viaggio inaugurale tra la fine di marzo e i primi di aprile del 1912, Gatti si sentì rispondere da J. Bruce Ismay (l'amministratore delegato della White Star Line; N.d.T.) che Alberto avrebbe potuto iniziare la formazione, ma avrebbe poi dovuto diventare un cittadino inglese per lavorare nel ristorante. Gatti organizzò le pratiche di ufficio che avrebbero permesso ad Alberto di effettuare il tirocinio quando il *Titanic* sarebbe tornato a Southampton ai primi di maggio del 1912.

Alberto aveva cambiato divisa: da quella della scuola di camerieri di Gatti alla nuova divisa della White Star Line. Il 10 aprile 1912, il giorno in cui Alberto mise piede sul *Titanic*, il giovane doveva essersi sentito al settimo cielo: si trovava sulla più bella nave che avesse mai visto. Secondo Eaton e Haas, Gatti prese i suoi dipendenti sotto la sua ala e li menzionava come il meglio del meglio nelle arti culinarie. Mi piaceva immaginare che il Gatti fosse orgoglioso dei suoi ragazzi e li trattasse come familiari. Lo zio ricordava che nel telegramma wireless che sua madre stava leggendo alla famiglia, Sebastiano le aveva confidato che, sul *Titanic*, si sentiva come a casa.

Sebastiano era felice di percorrere la propria strada nella vita. I genitori dei due fratelli erano orgogliosi che lavorassero su una grande nave ma si erano vergognati che Alberto volesse diventare un cittadino inglese.

Il 14 aprile 1912, alle 23:40, il *Titanic* urtò un compatto iceberg a dritta, allagando cinque dei suoi compartimenti. In poco più di due ore la sua prua fu sommersa. Il maestoso transatlantico si ruppe in tre parti e colò a picco nel mare, lasciando a riposo, sul fondale dell'oceano, la sua prua, la poppa e una parte delle centoventi tonnellate della sezione centrale dello scafo. Il *Titanic* era ora a due miglia sotto l'Oceano Atlantico e a 95 miglia dal porto di Halifax, Nuova Scozia.

Alberto e Sebastiano Peracchio affondarono con il *Titanic* quel giorno fatidico, insieme a Luigi Gatti e al suo equipaggio di bravi giovani. Mentre Gatti, come sapevo, era stato sepolto a Fairview Lawn Cemetery, i resti dei ragazzi non erano mai stati trovati. Si diceva che i passeggeri fossero stati bloccati nelle loro cabine dai marinai inglesi quando la nave stava affondando. La relazione non era stata confermata, ma il pensiero dei fratelli intrappolati in quel modo era straziante.

Nella famiglia dei fratelli Peracchio, dopo la loro morte, crebbe un senso di rabbia per la negligenza nella gestione e nel comando della nave *Titanic*. Non volevano avere niente a che fare con la White Star Line o con il nome della nave. Il nome del *Titanic* fu cancellato dalla loro casa e non fu più menzionato. C'era voluto Modesto Peracchio, un ragazzo che aveva solo quattro anni quando i suoi fratelli erano morti, per scoprire cosa avevano fatto prima di salpare.

Pur avendo risolto il mistero di Alberto e Sebastiano, avevo continuato il mio viaggio, attraverso la lettura e la ricerca, mentre i miei figli erano piccoli, e continuo oggi. Mia figlia, Andrea, ha ora 26 anni, e mio figlio, John—nato nel 1988, durante tutta questa ricerca—ora ne ha ventitré. Quale miglior regalo per loro dei documenti che avrebbero testimoniato l'eredità dei loro zii?

Durante l'estate del 1990, scrissi a Lord Lewin del Museo Marittimo di Southampton. Gli spiegai che ero alla ricerca di documentazione sui fratelli Peracchio. Lord Lewin fu così gentile da mettermi in contatto con la Maritime Hall of Records, che mi indirizzò alla Public Records Hall di Richmond, Londra. Le mie preghiere e quelle di zio Modesto erano state accolte, ero venuta a sapere dove era stata archiviata la documentazione che li riguardava e che ora era là, nella sala di lettura, pronta per essere da me visualizzata. Quando la mia famiglia e io ci avventureremo in Inghilterra, sarà mio piacere completare il viaggio dei fratelli Alberto e Sebastiano Peracchio e portare a casa con noi i documenti.

Il mio viaggio è proseguito nel novembre 2005, quando chiamai David Walker della mostra del *Titanic* in Florida. Avevo detto a David che sarei stata di passaggio in Florida nel gennaio del 2006, per una presentazione di miei libri—io sono l'autrice di *The Quest for Excalibur, Excalibur and the Holy Grail, Excalibur Reclaims Her King*, e più recentemente di un libro di memorie: *Living With Rage: A Quest for Solace*. Ho avuto l'onore di incontrare David e vedere, per la prima volta, alcuni dei manufatti del *Titanic* esposti nella mostra da lui curata.

Ero rimasta ipnotizzata.

Dopo il tour, David mi aveva invitato nel suo ufficio per un caffè e avevamo parlato dei ragazzi Peracchio e del mio lavoro. Era molto interessato e mi aveva detto che siccome il 100° anniversario si avvicinava, sarebbe stato disponibile ad includere la storia dei fratelli nella sua esposizione. Mi chiese se avessi loro foto. Purtroppo, non ne avevo. L'unica fotografia che avevo visto anni prima sulla mensola del camino di zio Modesto era andata smarrita nella confusione o era stata buttata via quando lo zio era passato a miglior vita. David, che si era dimostrato tremendamente disponibile, immerse negli archivi della *Titanica* Britannica per trovare l'immagine relativa a questa storia. Il mio cuore aveva esultato quando avevo guardato i visi di Alberto e Sebastiano. Nei loro volti, avevo rivisto zio Mo.

Per me, il viaggio inaugurale del *Titanic* non avrà mai fine.

Le sue storie, e quelli dei suoi passeggeri e dell'equipaggio, non sono mai state completamente scritte.

Coloro che amano questa nave non potranno mai dimenticare i momenti piacevoli assaporati durante il suo pur breve viaggio e non smetteranno mai di cercare di sapere di più di quella fatidica notte.

Alberto, Sebastiano, Modesto—e il *Titanic* stesso—possano riposare in pace.

Perché adesso Titanic il tuo viaggio inaugurale vola
tra le nuvole per portare verso casa le anime
di coloro che sono rimasti dentro
i tuoi angeli custodi ti guidano

Cinque anni dopo

Qui a New York City è pomeriggio e sto guardando fuori dalla finestra della mia agenzia educativa: il programma di lettura Excalibur. Sta nevicando. C'è un tranquillo silenzio nella stanza mentre osservo i fiocchi di neve bianchi che scendono dal cielo. Il terreno è coperto da una coltre candida. Ho appena guardato il film "The Patriot" con il mio attore preferito. Il suono dei clarinetti, dei violini e dei tamburi della colonna sonora del film mi hanno trascinata in un posto fuori dal tempo.

All'interno dell'agenzia che ho fondato, il personale e io lavoriamo a stretto contatto con un gruppo diversificato di bambini; sono bambini con esigenze speciali, sono giovani rifiutati dalla società e studenti che hanno bisogno di essere motivati per raggiungere un'istruzione superiore. Tramite questo mio lavoro, ho collaborato anche con l'ufficio del procuratore distrettuale, sono stata figura di riferimento di giovani uomini e di donne che sono stati in carcere. Questi ragazzi sono il mio cuore, ed è un piacere sapere che, attraverso il mio insegnamento, ora riescano credere in loro stessi. Molti di loro si sono riabilitati e sono diventati adulti frequentano il college oppure prestano servizio militare.

Con gli anni, il mio centro, che amo e di cui sono entusiasta, ha sottratto molto tempo e molte energie alla mia vita personale, e alla mia passione per la scrittura.

Il mio scrivere di Storia si è trasformato nella stesura di documenti per il mio centro; scrivo lettere per finanziamenti e sovvenzioni per gli studenti al fine di ottenere programmi specifici e personalizzati, in collaborazione con le scuole. Ho iniziato a scrivere newsletters a varie organizzazioni che si occupano di temi come abuso domestico e sessuale; io stessa sono una sopravvissuta di entrambe le esperienze.

Due anni fa ho incontrato la mia amica Ashley Franklin, che all'epoca era redattrice esecutiva alla Angelica Harris Inc. Sin da piccola sapevo che gli angeli avevano in serbo un regalo per me: Ashley. Lei mi ha incoraggiato a scrivere una newsletter all'associazione di volontariato che presiedeva, chiamata National Partnership to End Interpersonal Violence Across a Lifespan (NPEIV). Ashley ha ascoltato la mia storia in una telefonata e ha voluto parlarne con me personalmente incoraggiandomi a scrivere in modo più personale per la newsletter. Siamo diventate amiche.

Dopo un po' di tempo Ashley mi contattò dicendo che voleva lavorare con me per aiutarmi nelle mie cause. Abbiamo cominciato a parlare più approfonditamente del mio lavoro; quando avevo bisogno di qualcuno che mi aiutasse a riprendere a scrivere e ritornare nuovamente in pubblico, Ashley era lì per incoraggiarmi e condurmi per la retta via ... Le sarò eternamente grata.

Leggendo questo potreste chiedervi ..."Ma cosa c'entra il *Titanic* con le newsletters, l'educazione e la violenza?" L'ironia è il denominatore comune di tutti questi argomenti.

Il *Titanic* è un pezzo della nostra storia moderna e per molto tempo si è scritto sui giornali e libri di autorevoli storici ne parlano del suo mito, ed è diventato un tema di approfondimento nelle scuole, nelle università e nelle associazioni a tema *Titanic* in tutto il mondo. È anche l'argomento di molti film di Hollywood, incentrati sulla violenza. Il *Titanic* stesso ha incontrato la sua fine in modo cruento e tragico: le nere lamiere d'acciaio dello scafo del *Titanic* squarciate dall'iceberg costituisce uno spettacolo di rara violenza, una tragedia che ancora oggi coinvolge ed emoziona.

È stato attraverso la mia presenza sulle pagine dei social network che ho conosciuto un appassionato *Titanic*: il mio amico e collega, lo storico William Brower, autore di *Touched by the Titanic*. William ed io ci siamo incontrati in un locale per una chiacchierata. Prima che me ne rendessi conto già parlavamo del nostro reciproco interesse per quella nave, l'imponente signora dei mari: la RMS *Titanic*. William mi parlò poi del suo affetto per il nonno; chiamato affettuosamente Apple. Gli ha insegnato a comportarsi da uomo, gli ha parlato del *Titanic* e da allora è sempre stato al suo fianco. Gli ho detto che stavo cercando informazioni sui miei zii Alberto e Sebastiano Peracchio che erano stati membri dell'equipaggio sulla nave e prima che ce ne rendessimo conto il nonno ci aveva adottati entrambi come fratello e sorella. L'anno dopo William mi ha invitato a tenere una conferenza alla sua mostra personale sul *Titanic* presso il Museo Storico di Plantation. Avevo alle mie spalle già molti anni di ricerca sul *Titanic* e necessitava di un libro da presentare nel centenario dell'affondamento. E William che mi incoraggiò a mettere insieme un opuscolo per l'evento.

Così ho iniziato a scrivere la prima edizione di questo libro, *Titanic: I fratelli Peracchio—Due ragazzi e un sogno*. Ho coinvolto molte società di appassionati del *Titanic* e molte organizzazioni storiche.

Nei prossimi capitoli e nelle fotografie che seguiranno, il *Titanic* ed io vi accompagneremo nel nostro viaggio.

"Portatela in mare e fate vedere quello che sa fare, signor Murdoch." Disse il capitano Edward John Smith poco prima che si udisse il fischio delle sirene e che il *Titanic* salpasse dalla banchina di Southampton, in Inghilterra, il 10 aprile 1912.

Il Titanic e la mia famiglia

S IN DA PICCOLA SAPEVO e sognavo che il viaggio inaugurale di *Titanic* sarebbe continuato attraverso le ricerche degli storici che l'hanno studiato: sarei cresciuta per conoscere la sua storia. Per questo motivo, i componenti della mia famiglia si sono appassionati, quanto me, a questa storia.

Gli storici negli anni hanno migliorato la conoscenza della nave: dai giorni in cui è stata costruita nei cantieri navali Harland & Wolff a Belfast Lough, in Irlanda, al suo varo il 31 maggio 1911 e, infine, alla sua scomparsa, il 15 aprile 1912.

Nel 2006 feci un viaggio per far visita a mio fratello e sua moglie a Winter Garden, Florida. Mio fratello e io non ci vedevamo da quasi quattro anni ed è stato un incontro meraviglioso per entrambi. Prima di partire da New York City per avventurarmi verso sud ho contattato via e-mail sia David Walker che G. Michael Harris della mostra *Titanic* in Florida. A quel tempo, ero nel pieno delle mie ricerche su zio Alberto e zio Sebastiano. Avevo detto a David e Michael che sarei venuta in Florida per una vacanza e mi hanno risposto con un invito alla mostra: non solo li avrei incontrati, ma avrei anche visitato il museo e visto i manufatti recuperati due miglia e mezzo sotto l'abisso dell'oceano Atlantico.

Con mia sorpresa David mi chiamò il giorno prima della partenza.

"Ciao!" gli dissi dopo aver risposto al telefono.

"Ciao, sei tu Angelica?" chiese la voce profonda dall'altro capo della linea.

"Sì, sono Angelica."

"Sono David Walker dal museo del *Titanic*."

Il mio cuore accelerò i battiti.

"Michael e io non vediamo l'ora di incontrarti questa settimana. Sai in quale giorno verresti a trovarci?" Il mio cuore saltò qualche battuta e gli risposi: "Per essere onesta, non lo so ancora. La mattina prima di partire parlerò con mio fratello e te lo farò sapere."

Ci fu una breve risatina nella sua voce, e poi mi disse: "Il giorno in cui verrai a trovarci, ci saranno tre biglietti gratuiti per tutti voi presso il box office."

Feci un respiro profondo e dissi "Grazie!" Poi un sorriso, grande come il cielo, si scolpì sulla mia faccia.

Passò qualche giorno e, dopo aver trascorso un po' di tempo in famiglia, io e mio fratello ci recammo al museo. Fummo accolti da una guida vestita con il costume di un passeggero di terza classe. Aveva un accento limpido e ci guidò per il museo, raccontandoci la storia della nave. Per molti turisti, era solo una nave. Una nave resa famosa da James Cameron, con i suoi Jack e Rose, un modo per rivivere l'esperienza del film *Titanic*. Nel museo si poteva ammirare il vestito di stile edoardiano a strisce blu che Rose indossava quando si imbarcò sulla nave, insieme alla camicia bianca e beige di Jack e ai pantaloni color kaki che indossava la notte dell'affondamento. C'erano anche molti oggetti di inestimabile valore indossati e messi in mostra, come gioielli, orologi e i piatti delle sale da pranzo della nave.

Quanto a me, visitando le riproduzioni delle cabine del *Titanic*, contemplando la grandezza degli alloggi e degli arredi in mogano, con le tende ricamate e le sedie con grandi alzate, mi sembrava di camminare sulla nave e di mettere veramente i piedi sul *Titanic*.

Mentre seguivo la guida nella sezione del ristorante À la Carte, mi trovai a vagabondare attraverso le graziose colonne del pergolato che erano adornate con edera verde, foglie d'oro e tavoli e sedie abbinati. Ho visto Alberto e Sebastiano, con i vassoi nelle loro mani, che servivano i passeggeri di prima classe per una grande festa.

I miei occhi scrutavano l'orologio sul Grande Scalone. Nel profondo del mio cuore ho potuto sentire che il *Titanic* mi teneva stretta tra le sue accoglienti braccia.

Alla fine del tour c'era un muro nero. Incisi nel granito, vi erano i nomi di ogni singolo membro dell'equipaggio e dei passeggeri del *Titanic*. Mentre esaminavo i nominativi, incontrai i nomi di zio Alberto e zio Sebastiano, non potei fare altro che far scorrere le mie dita nella fessura dell'incisione. Ero entrata come in un vortice. Erano qui, i miei zii, i miei ragazzi, i due giovani che sarebbero entrati nel mio cuore per il resto dei miei giorni.

"Signora LoCascio" disse la guida, mentre stavamo per uscire dall'edificio. Mi voltai e sorrisi.

"Ti piacerebbe salire le scale?"

Il mio cuore battè forte e gli risposi: "Sì, volentieri".

Mi condusse nella stanza, srotolò la fune di velluto rosso e salii la scala di legno finemente intagliata, guardai l'orologio attorniato da due figure che rappresentavano l'Onore e la Gloria. La guida, durante la visita, mi trattò come una regina.

Quella giornata cambiò per sempre la mia vita e la mia mentalità.

Dopo il giro, la guida, che ho poi saputo chiamarsi Robert, ci condusse ad una scala esterna. "David e Michael ti aspettano, basta bussare alla porta."

La scalinata esterna era ripida, da un lato c'era un corrimano di ferro attaccato al muro di mattoni e dall'altro lato una sottile ringhiera nera. Erano solo quindici gradini, ma il mio cuore stava battendo all'impazzata e mi sentivo al settimo cielo.

Bussai alla porta e un uomo alto, robusto, con capelli grigi e occhi azzurri accolse me, mio fratello e mia sorella. Ci porse la mano e si presentò "Ciao, sono G. Michael Harris". Da dietro era poi arrivato un uomo di corporatura media con capelli castano scuro, occhi azzurri e un grande sorriso. "Ciao sono David Walker!"

Davanti a me, c'erano due uomini di cui avevo trovato menzione nella mia ricerca, ma adesso erano qui e io ero in quella stanza con loro.

L'ufficio aveva una grande tavola rotonda in rovere e delle comode sedie nere attorno ad essa. David ci fece cenno di sederci: ero circondata da fotografie del *Titanic* tratte dai libri di storia, dai manifesti del suo viaggio inaugurale, e c'era anche un modello piuttosto grande della nave. Mi sentivo sopraffatta da tutto ciò.

Michael andò a prendere il caffè e il tè mentre la sua assistente Anna esibì un set da tè con il logo della White Star dove ci venne servito il caffè e un tè pregiato con dei dolci. Ancora una volta, mi sentivo trattata come una regina.

Da quel momento la conversazione proseguì riguardo le mie ricerche. Chiesi loro se avessero dato un'occhiata a un diario che avevo tenuto in considerazione per documentarmi, a una lettera di mia cugina Eva dove erano scritti i nomi della famiglia Peracchio e anche alla mia conversazione con Richard Mac Michael.

"Angelica, la tua ricerca è impressionante", mi disse David.

"Ma sappi che Alberto e Sebastiano non erano considerati membri dell'equipaggio ufficiale e che sono stati assunti da Gatti per lavorare al ristorante À la Carte."

"No, non lo sapevo. Lo zio Mo mi ha sempre detto che i suoi fratelli stavano studiando per diventare ufficiali sulla nave."

David mi ha preso la mano e ho sentito un buco nello stomaco.

"Purtroppo dato che perché erano italiani e membri dell'equipaggio, non ufficiali, non sono mai stati considerati."

In quel momento una profonda tristezza riempì il mio cuore. "Non capisco."

"Angelica, loro non potevano diventare ufficiali perché non avevano ricevuto alcuna formazione."

Guardai mio fratello e mia sorella seduti accanto a me, mi vennero le lacrime agli occhi. Questo per me era difficile da mandare giù. Non volevo crederci.

Ho nuovamente osservato il grande modello del *Titanic* e mi sono chiesta come potevo tornare a casa con questa nuova informazione trovata.

"Grazie David per avermi detto questo, ora so che ho molto di più da fare."

"Hai mai pensato di andare in Nuova Scozia per incontrare Richard?"

"Sì, ci ho pensato e ho intenzione di andarci in futuro."

"Dovresti andare" disse Michael. "Sarà lì che Richard e il suo staff potranno mostrarti i documenti che cerchi e lui potrebbe portarti anche al Fairview Lawn Cemetery."

"I corpi dei miei zii non sono mai stati trovati per la sepoltura, ma voglio recitare le mie preghiere per coloro che là sono sepolti", gli spiegai.

"Chi lo sa che con l'aiuto della scienza moderna un giorno tu possa scoprire che uno o entrambi sono sepolti lì." Mi rispose David.

David mise alcuni libri sul tavolo e la mia famiglia e io potremmo visionare le molte foto del *Titanic*; dal momento della posa della prima lastra della chiglia fino al giorno in cui era diventata una nave maestosa e pronta a prendere servizio. Fu stupefacente!

Fu disegnata di grandi dimensioni, dai suoi enormi fumaioli che hanno incoronato i suoi ponti, alle sue caldaie nelle viscere della nave. Era bella e mi aveva scelto per essere una sua storica, sorella e amica. Mi sentii onorata e sopraffatta dall'emozione.

Il mio cuore e la mia anima erano felici. Quella sera al ristorante italiano mi rimpinzai con una cena deliziosa, vino e dessert, sentendomi sollevata per aver completato una grande parte del puzzle della mia storia sul *Titanic*.

Il nome di una leggenda

A METÀ DEL TRAGITTO PER ARRIVARE a casa dalla Florida, e sapendo che la mia ricerca riguandante i miei zii si era arricchita e convalidata a seguito del mio incontro con David e G. Michael, ho iniziato a scrivere il mio terzo romanzo di fantascienza intitolato *Excalibur Reclaims Her King*. La mia serie di libri Excalibur narra la vicenda di Arianna Lawrence, che estrae la spada Excalibur in Inghilterra proprio nei pressi del lago di Avalon. La spada la riporta indietro nel tempo, al VI secolo, dove incontra con Re Artù e Merlino.

Avvertendo della scomparsa di Artù al ponte di Camlann, nel Galles, Merlino lascia a lei la sorveglianza di Excalibur. Quindi, grazie alla tutela del sommo sacerdote druido Merlino, Arianna diventa una potente Alta Sacerdotessa. Nel terzo libro, Arianna resuscita Re Artù dalla prematura morte causata da un rituale druidico. E così il re bardico consegue la sua santa ricerca nel terzo secolo di Roma.

Il quarto libro della serie è attualmente nel mio computer e una volta che questo volume sarà completato, tornerò in tempo dal mio re e lo farò tornare a casa. Ho spesso avuto l'impressione che la mia serie di libri Excalibur e il *Titanic* abbiano dei parallelli tra di loro. Nel caso di Merlino egli affida a Arianna la custodia di Excalibur, così come zio Modesto mi ha incaricato di custodire la memoria dei suoi fratelli. Sono onorata di farlo.

Quando mi sono impegnata a scrivere il mio terzo libro, ho iniziato a scrivere anche articoli su due famiglie con bisogni speciali. A mio figlio è stato diagnosticato sin da giovane la sindrome di Tourette, l'Attention Deficit Hyperactive Disorder (ADHD) e altri disturbi collaterali. A mio marito erano stati diagnosticati, qualche anno prima, una forma di immunodeficienza comune variabile, sindrome di Tourette, ADHD e molti disturbi bipolari.

Ero sempre occupata. Ho aperto un salone di bellezza che mi ha consentito di tenere la mia mente lontana da tutti i pensieri negativi. Nel 2009, le problematiche di mio figlio si sono aggravate e ho dovuto chiudere il salone.

Sono sempre stata grata a mia figlia Andrea, che a quel tempo stava diventando una giovane donna, ed insieme a me si è trovata ad affrontare i problemi del padre e del fratello. Abbiamo cominciato a collaborare e lei è diventata il mio braccio destro nella scrittura: io sui temi della vita marina e lei circa il suo show preferito "Buffy l'ammazza vampiri". Entrambe amiamo i nostri argomenti.

Allora stavo scrivendo alcune note per il diario sul *Titanic* che avevo pensato di pubblicare. All'epoca pensavo che fosse una storia troppo privata per renderla di pubblica conoscenza.

Tuttavia, per il *Titanic* avevo altri piani. Non sarei rimasta a guardare. Presi alcuni dei soldi ricavati dalla vendita del mio negozio e mi consultai con il mio amico Nick Tonick, che possiede la Tonick Jewelry Co. a Ridgewood, Queens, una gioielleria in attività da oltre trent'anni che ha ben servito la sua clientela con passione.

Nick mi ha creato una targhetta, col nome *Titanic*, di platino e oro da portare al collo. Lo ammetto, dopo che questo gioiello venne realizzato, mi chiedevo cosa mi avesse indotto a farlo. Dal momento in cui lo misi al collo, ho avvertito una piacevole sensazione, come se mia sorella fosse lì con me e non mi sentivo mai sola finché quel monile si trovava intorno al mio collo.

L'ho indossato ogni giorno, per quasi un anno, poi un giorno qualcuno mi ha chiamato *"Titanic"*. Anche se sono stata onorata di essere chiamata sua omonima, ho deciso di toglierlo e di indossarlo solo nell'anniversario dell'affondamento.

Nel 2010, ho scritto un racconto intitolato *Living With Rage*, un mio viaggio attraverso gli abusi domestici e sessuali con protagonista un bambino con esigenze particolari. L'articolo è stato ben accolto e il mio editore mi ha suggerito di utilizzare per memoir lo stesso titolo: *Living With Rage—A Quest for Solace*. Il titolo definitivo del libro è stato dato dopo che ebbi scritto quel pezzo; ero abbastanza occupata a far crescere la mia professione, trovare nuovi obiettivi e a creare eventi per i lettori che mi volevano seguire. Quello stesso anno mio padre, Anthony Marchese, è morto a 87 anni per complicazioni dovute alla vecchiaia.

Nel 2011 *Living With Rage* è stato pubblicato e ho iniziato ad avere visibilità sulle pagine dei media. Nello stesso anno conobbi William Brower, che ha scritto la premessa per questo mio libro e che ho citato in un altro capitolo. Non avevo idea che fossimo accomunati dalla passione per il *Titanic*. Fu grazie alla sua amicizia e al suo invito che il mio primo libro è stato scritto e pubblicato, e al fatto che se ne parlò in occasione di un evento, come ho già detto, a Plantation, in Florida. Tutto ciò mi ha consentito di aprire la carriera di conferenziera nelle scuole e in altri luoghi in cui ci si interessa di storia.

Mentre cominciavo a prenotare i miei impegni, iniziai a diventare sempre più conosciuta all'interno della grande famiglia del *Titanic*. Sono stata invitata a iscrivermi alla pagina Titanic Historical Society, Titanic: Current Events, e altre chat room sui social riguardanti il *Titanic* stesso.

I fondi ricavati dalla vendita del libro mi hanno permesso di contribuire a finanziare alcuni dei programmi della mia agenzia educativa. Era come se questo tentativo di ricostruzione della mia storia familiare fosse un sostegno per i bambini che avevano bisogno di aiuto per la loro istruzione, e sapevo che lo zio Mo, Alberto e Sebastiano sarebbero stati orgogliosi di farne parte.

Nell'aprile del 2015 ho realizzato una esposizione dei miei cimeli personali e di quelli dei miei congiunti inerenti il *Titanic*.

Sono veramente grata ai miei cugini Denise e Dennis Peracchio, i nipoti di Zio Modesto. Loro sono stati in grado di aiutarmi a scrivere una parte della mia storia familiare.

Denise era stata una damigella d'onore al mio matrimonio e quando facevo la parrucchiera molti anni fa ho creato il taglio dei capelli per il matrimonio di Dennis con sua moglie Kama.

Anche se non sono parente di sangue di zio Modesto e di zia Anna, a Denise e Dennis questo non importava. Mi sono sposata con il loro cugino John e mi sono presa cura della loro zia Doris e del loro zio John Lo Cascio, i miei suoceri come se fossero i miei genitori. Ho avuto due figli con mio marito, Andrea e John, ed ora sono parte della loro famiglia, per nome, per adozione e dopo tanti anni anche … di sangue. Tutta la famiglia ora è unita e il sangue è più denso dell'acqua.

Quando mi hanno dato la loro benedizione, sapevo che tutti e tre gli zii erano con me.

Fu durante quel periodo che, in occasioni particolari, Etta, la sorella di zio Modesto, partecipò alle ricerche e si unì alla famiglia in questo sforzo, poiché era l'unica sorella in vita dei fratelli Peracchio.

Solo quando ho parlato con i membri della famiglia mi è stato confidato, da Etta, che Modesto era un ragazzino quando i loro fratelli morirono, e la famiglia fu costretta a dirgli qualcosa, perché adorava i suoi fratelli più anziani e voleva tanto essere come loro. Non potevano dirgli che quei ragazzi, tanto amati, erano stati trattati ingiustamente ed erano morti in quel modo così terribile.

Quando ho cominciato a pensare al motivo per cui la verità non gli era stata mai raccontata, pensavo a me stessa come madre di due bambini piccoli: come fai a dire a tuo figlio di quattro anni che i suoi fratelli, che amava, sono venuti a mancare?

Nei due anni successivi non solo mi sono impegnata più assiduamente nella continua ricerca dei "miei" ragazzi, ma ho conosciuto, attraverso Facebook, dei loro familiari e cugini in Italia di cui non sapevo l'esistenza. Uno di loro era il fratello più piccolo del clan Peracchio, Alberto Sebastiano Peracchio, nato nell'agosto del 1912 la nonna era incinta dell'ultimo figlio quando i suoi figli maggiori morirono e ha chiamato il suo bambino come i ragazzi che aveva perso. Mi sentivo come se il *Titanic* e i miei zii mi avessero legata a quella nave, quella catena aveva creato un cerchio d'amore e di amicizia, così io avrei fatto per lei.

L'anno scorso (2016) ho conosciuto Claudio Bossi un amico, che io chiamo cugino, il quale che ha scritto innumerevoli articoli storici sul *Titanic* e anche libri sui 38 italiani presenti sul *Titanic*, tra i quali anche il famoso gestore Luigi Gatti. Non è di pubblica conoscenza, ma il signor Gatti ha perso sua moglie sul *Titanic*. Bossi ha sentito parlare del mio libro e mi ha contattato. Dopo molte ore di networking gli ho inviato la versione pdf del mio libro. Claudio Bossi, che ora condivide la copertina di questo libro, ha accettato di tradurre *Titanic: i fratelli Peracchio—Due ragazzi e un sogno* in lingua italiana.

Attraverso Claudio Bossi mi sono riunita con il mio cugino Bruno Peracchio. È figlio di Alberto Sebastiano Peracchio. Ci eravamo conosciuti anni fa, nel 1977, quando lui, sua madre e sua moglie erano venuti a New York City per far visita alla mamma e papà. Mi ha detto in chat che la mamma si ricordava di me come una ragazza di vent'anni e dalla personalità vulcanica. Lo prenderò come un complimento.

Non sai mai dove ti porterà una strada. Per quanto non mi piace dire questo, i social network sono degli ottimi posti per fare delle conoscenze soprattutto se si ha un business o se si sta cercando di raggiungere un pubblico più vasto per il lavoro che stai facendo.

È stato su Facebook che ho conosciuto Deanna (Dee) Ryan-Meister e Neil Meister, i miei editor e consiglieri per la pubblicazione di questo libro. Attraverso i commenti di Deanna sui miei post del *Titanic* e sulle base delle notizie avute del mio gruppo, ho scoperto che Dee è la Presidente della *Titanic* Society of Atlantic Canada di Halifax, in Nuova Scozia. Sono rimasta sorpresa perché era il luogo esatto dove ho ritrovato per la prima volta i miei zii, al Museo Marittimo dell'Atlantico.

Su Facebook ho anche trovato Cliff Ismay, cugino di Joseph Bruce Ismay, l'armatore del *Titanic* nel 1912; la bellissima Denise Vanaria, che ha interpretato per il teatro e la televisione la moglie di Thomas Andrews, il famoso progettista del *Titanic* morto nell'affondamento; Tony McGuire di Garstang, Manchester, Gran

Bretagna, che ha un libro originale nella sua collezione privata, e Tom Lynskey, creatore del videogioco educativo *"Titanic: Honor and Glory"*, mi hanno chiesto di consultare il loro gioco per la verificare l'accuratezza del personaggio. Sono onorata che il ricordo dei miei zii fosse aggiunto nel gioco legandolo al ristorante À la Carte.

Nei momenti in cui ero in contatto con i miei colleghi storici su Facebook, mi sentivo come se avessi camminato indietro nel tempo. Attraverso la gente e le immagini sullo schermo, ero nel 1912, ho incontrato la Storia e la storia di vita, creando una nuova storia sul *Titanic*.

Sì, dato che da quella fatidica notte del 15 aprile 1912 molto è stato scoperto, soprattutto grazie al dottor Robert Ballard, che ha individuato il relitto nel settembre del 1985 e grazie alla sua passione per il *Titanic*. Jason Jr. (JJ), il suo sottomarino robotizzato, ha attraversato molte volte la carena arrugginita del *Titanic* e ci ha dimostrato quanta negligenza e mancanza di rispetto c'è stata di fronte alla morte in quel mare freddo.

Tuttavia le immagini forse ci nascondono la vera ineguaglianza dei trattamenti a bordo del *Titanic*. È attraverso quelle realtà tenebrose che arriviamo a capire cosa il *Titanic* e i suoi passeggeri hanno patito su quello che doveva essere il suo regale viaggio inaugurale.

Halifax, Nuova Scozia—il nuovo mondo

Da quando al liceo lessi il mio primo libro sul *Titanic*, ho sempre desiderato di poter visitare i luoghi che erano legati a quella nave. Vivendo a New York e dovendo confrontarmi con la malattia di mio marito e con i vincoli che la stessa imponeva alle nostre vite—l'Italia; Belfast, Irlanda del Nord; Queenstown (Cobh), Irlanda; Southampton, Inghilterra e Halifax, Nuova Scozia, Canada—mi sembravano un mondo molto lontano.

John e io avevamo sempre desiderato viaggiare con i nostri figli, ma i suoi problemi di salute richiedevano trattamenti e farmaci speciali che, gravando sul nostro bilancio familiare, non ci hanno mai permesso di lasciare la città senza la preoccupazione che egli avesse bisogno di medici che lo curassero durante la nostra permanenza lontano da casa. John e io ci stabilimmo per trascorrere le vacanze vicino a casa, e acquistammo un'abitazione a Timeshare, Pocono Mountains, in Pennsylvania. Fu proprio in questo luogo, immerso nel verde di montagne incantate, che la nostra giovane famiglia si consolidò e godette dei momenti più belli.

L'8 giugno 2017 tutto questo cambiò. John e io eravamo consapevoli delle sue condizioni di salute ed eravamo preparati ad affrontarle anche se fossimo stati lontani. Quindi, alle 19:00 di quella sera eravamo all'imbarco della Delta Airlines in attesa di salire sul nostro aereo per Halifax.

La stesura della seconda edizione di questo libro mi ha portato a conoscere molte persone meravigliose, tra cui la già citata Deanna (Dee) Ryan-Meister, presidente della Titanic Society of Atlantic Canada (TSAC) e suo marito Neil Meister che lo stavano mettendo a punto e mi aiuteranno a presentarlo in pubblico. Dee mi aveva già invitato l'anno scorso per partecipare alle cerimonie di commemorazione a Halifax, in Nuova Scozia, ma non abbiamo potuto esserci.

* * *

Siamo arrivati in Canada alle 4:00 di venerdì 9 giugno. Mentre camminavamo attraverso questi luoghi impregnati di tradizione, ho nota la bella bandiera canadese rossa e bianca e le parole BENVENUTI IN NUOVA SCOZIA, CANADA. Io ero esausta dopo una lunga settimana di lavoro—e mentre preparavo le valigie e lavoravo, avevo avvertito una dose di adrenalina che mi attraversava il corpo.

Abbiamo noleggiato una macchina e siamo arrivati al Cambridge Suites Hotel, nel centro di Halifax. Quando siamo entrati nella nostra camera, con una magica vista sull'Oceano Atlantico, tutto quello che potevo pensare era "Angelica, sei finalmente arrivata!"

L'incontro con Richard al MMA

AVEVO PUNTATO LA SVEGLIA ALLE 7:00 per poter essere puntuale all'incontro con Dee, suo marito Neil e con l'uomo che da più di 35 anni avevo atteso di conoscere—Richard MacMichael, il maggiore esperto del Museo Marittimo dell'Atlantico (MMA). Ero così nervosa che non riuscii a gustare la mia colazione, e avere la mano ferma per applicare il mio make-up.

Il rumore dei tuoni squarciava il cielo sopra il nostro hotel e la pioggia cominciò a cadere. Ho sentito bussare alla nostra porta: c'era Dee—una signora alta, dai capelli scuri con la quale avevo parlato solo tramite telefono e via Skype. Ci siamo abbracciate come se ci conoscessimo da sempre.

Abbiamo viaggiato in auto, sebbene fossimo solo a sei isolati dal museo e quando ci si siamo avvicinati ho scosto un edificio bianco con mattoni a vista, le riproduzioni di bandiere nautiche intorno al tetto e sulla rossa parete d'ingresso le parole Maritime Museum of the Atlantic.

Il mio cuore batteva forte mentre oltrepassavo la porta d'ingresso. Faceva freddo per la pioggia ed entrando nell'atrio del museo, Dee e io incontrammo Tom Lynskey e Matt DeWinkeleer, ideatori e produttori del videogioco educativo *"Titanic—Honory and Glory"*, progettato per insegnare la storia della costruzione del *Titanic* a Belfast Lough, Irlanda, ora conosciuta come Irlanda del Nord; Christine Kuchler di Bismark, Nord Dakota, socia della Titanic Society of Atlantic Canada (TSAC) che era lì perché le piaceva il *Titanic*; Stacy Kline, produttore del canale televisivo *Titanic* che, come me, voleva fare delle ricerche sulla nave e sulla Nuova Scozia per la programmazione del suo video online.

Pochi minuti più tardi, ci venne incontro Richard MacMichael, un uomo di corporatura media, capelli marroni e occhi azzurri, che indossava un completo scozzese. Ho trattenuto il respiro per un breve minuto. Si è avvicinato al gruppo e Dee mi ha presentato a Richard. Ci siamo abbracciati e mi sono sentita come se stessi incontrando il mio migliore amico. Dee e Richard ci hanno riuniti per una foto di gruppo prima che egli iniziasse il nostro tour al museo.

Appena svoltato l'angolo c'era un'alta lampada d'argento proveniente dal Sambro Lighthouse, il più antico faro esistente ed operativo delle Americhe, situato all'ingresso del porto di Halifax.

E lì sul suo trespolo c'era Merlin, il pappagallo mascotte del MMA. Era adorabile, e naturalmente potevo parlare con lui. Richard mi ha detto che Merlin aveva la sua web-cam per consentire alle persone di tutto il mondo di vedere ciò che fa ogni giorno. Mi chiedevo se poteva essere che me lo avessero mandato Re Artù e Merlino.

Proseguendo la nostra visita al museo, mentre ascoltavamo Richard parlare delle navi che abbellivano le vetrine come i modelli in scala del *Lusitania* e del *Mauritania*, non potevo fare a meno di rievocarne luoghi e suoni. Mi sentii come se stessi camminando non solo attraverso i miei libri di storia, ma come se questi si fossero materializzati davanti a me. Da qualche parte del profondo, era come se non stessi neanche ad ascoltare. Avevo la sensazione di galleggiare come se il pavimento non fosse nemmeno sotto i miei piedi. Ho potuto vedere, sentire e provare tutto, ma non ero lì ... Ma ero tutto vero?

Richard ci ha portato direttamente all'esposizione del *Titanic* e quando i miei occhi sono caduti sul modello di questa grande nave, tutto nel mio corpo sembrava immerso lì dentro. Ero davvero con questa nave, dopo tutti questi anni di lettura di libri, di lettere inviate, di scrittura del mio primo libro sul grande *Titanic* e di innumerevoli ore di ricerca e di scoperte, fin da quando ero una ragazzina di diciasette anni: il *Titanic* mi salutava, in tutta la sua magnificenza, come una sorella perduta ... Ero a casa!

Venerdì sera, dopo il nostro tour al MMA, il nostro gruppo si è incontrato per cena con i membri del consiglio della TSAC al The Old Triangle, un pub irlandese, che si trovava ad un isolato dal museo. Qui ad aspettarci c'erano: il vicepresidente James Somers, un uomo robusto con una bella barba che io avevo già conosciuto, in quanto amici di Facebook; la Dr. Henrietta Mann e Warren Ervine; Rob Ryan, fratello di Dee, e membro del direttivo. Durante la serata, Warren ci ha mostrato le foto di suo zio Albert Ervine, un assistente elettricista di diciotto anni che coraggiosamente rimase sul *Titanic* quando la chiglia e le lamiere della carena si disintegrarono, per tenere in funzione le luci per l'equipaggio e per i passeggeri, affinché essi potessero avere visibilità mentre lottavano per la sopravvivenza della nave e per le loro stesse vite.

Molte altre storie sono state da noi condivise e abbiamo scattato diverse fotografie. Prima di congedarci dal gruppo per la buona notte, Dee ed io avevamo indossato le nostre nuove giacche di pile con un'immagine ricamata del *Titanic*, che abbiamo acquistato nel pomeriggio al MMA.

La celebrazione ai Giardini Pubblici di Halifax per l'anniversario dei 150 anni del Canada

Quel sabato mi svegliai molto stanca dal lungo viaggio aereo; cominciavo a sentirmi come svuotata, oltre ad avere un po' di jet lag per il fuso orario. Ma era una giornata soleggiata e l'Oceano Atlantico brillava e i raggi del sole lo baciavano di buon mattino. Era arrivato il momento di indossare il mio costume edoardiano e di dirigermi insieme ai miei colleghi della Titanic Society ai Giardini Pubblici di Halifax per le celebrazioni.

Mio marito John e arrivammo circa 30 minuti dopo che le cerimonie erano cominciate; James ci venne incontro all'ingresso e ci accompagnò dove c'era il nostro gruppo, tra cui Dee, Neil, Christine, Tom e Stacy. Dee indossava un bellissimo abito edoardiano color porpora, decorato con del pizzo nero ricamato all'interno della piega della gonna. Sulle spalle aveva uno scialle di pizzo nero e indossava dei lunghi guanti da sera neri. Suo marito Neil aveva un cilindro e indossava uno smoking con le code. Tom vestiva un abito formale acquistato presso Duggers, un negozio di abbigliamento maschile molto popolare ad Halifax. Stacy e mio marito invece avevano deciso di indossare i loro abiti tradizionali. Warren Ervine sembrava molto alto e molto elegante con quel suo lungo mantello con le code e il cappello nero.

Nel centro dei Giardini Pubblici si trovava un maestoso Gazebo Bandstand che ospitava il maestro di cerimonia e una signora, vestita come la regina Vittoria, che presiedeva le cerimonie.

Intorno al gazebo c'erano le guardie reali canadesi con i loro giacconi marroni e i kilt a disegni scozzesi, copricapi neri con penne bianche, fodero e spada, ciascuna con il grado racchiuso nel colore della fascia che portavano sulla spalla.

In cima al gazebo c'era la bandiera canadese con al centro la grande foglia d'acero. Le trombe delle guardie squillavano e omaggiavano la bandiera e la loro regina: tutti iniziarono a cantare l'inno nazionale del Canada.

Ad un tratto quando me ne resi conto mi si rivoltò lo stomaco: "Angie, oggi non sei in America, sei in Canada". Ad essere onesta non mi ricordavo le parole, ma posso dirvi che è una bella melodia; non rimasi lì solo per rispetto, ma anche perché ero orgogliosa di essere tra queste grandi persone che non erano solo i nostri vicini di casa ma anche i nostri alleati quando a New York fu attaccato il nostro World Trade

Center l'11 settembre 2001. Il Canada ci inviò aiuti e contribuì in tanti modi alla ricostruzione. Come nativa di New York li saluto e li ringrazio tanto per il loro servizio.

A festeggiamenti conclusi, il nostro gruppo si è poi recato alla Horticultural Hall per un tour speciale dei giardini pubblici sotto la guida di Glenn Taylor. Questo posto è uno dei luoghi più incantevoli che abbia mai visitato, adornato con piante che crescono nel vivaio, con uccelli di ogni specie. Sono gli stessi cittadini che si occupano dei giardini come se fossero la Madre Terra stessa. Mentre Dee ed io, con il gruppo, attraversavamo il centro del parco, vedemmo una fontana magica circondata da una piccola vasca d'acqua.

"Angelica, guarda nell'acqua. Cosa vedi?" mi disse Dee, vestita con il suo abito color porpora dell'epoca dell'oro.

I miei occhi osservarono l'acqua e proprio lì al centro del Griffin's Pond c'era un modellino del *Titanic* che galleggiava così da poter essere facilmente osservato da tutti. Ho scoperto che il modello di 9 piedi (oltre 2 metri e mezzo; N.d.T), è stato costruito dal socio della TSAC Clary Peters e dai membri della Maritime Ship Modelers Guild come lavoro di gruppo e donato alla città di Halifax; ha abbellito questo stagno ogni primavera-autunno degli ultimi 22 anni, e viene rimosso in autunno per la pulizia, la ristrutturazione e manutenzione. Era stupendo!

"Venite a scattare una foto con me", disse Dee, e ci fermammo vicino all'argine con il *Titanic* sullo sfondo.

Proseguimmo il tour con il gruppo e mentre ci riposavamo sulle panchine vedemmo alcuni giovani del Canada che erano vestiti con i costumi della Royal Mounted Police (la polizia a cavallo canadese), ognuno di loro portava un vassoio di mini cupcakes per farci assaggiare la loro squisitezza. Erano deliziosi. Tale trattamento è stato riservato a ogni visitatore di quel giorno. Per me è stato un segno di vera riconoscenza verso i loro concittadini e verso i visitatori come me.

La mattina trascorse in fretta e in men che non si dica era ora di pranzo. Neil aveva suggerito di visitare la Halifax Central Library (la biblioteca centrale di Halifax) di recente costruzione e di sederci al patio, sito al 5° piano, per il pranzo. La biblioteca era un edificio moderno di sei piani; ogni piano aveva il pavimento trasversale, quasi da sembrare una pila di libri, decorato con colori a specchio blu, rosso e argento. Questo lo faceva brillare al sole come una stella.

Prima del pranzo, Dee mi portò nella sala dedicata alla storia locale e vedemmo tanti libri sulla Nuova Scozia e ovviamente sul *Titanic*. L'anno prossimo, in questo stesso periodo, questo libro avrà il piacere di trovarsi tra i suoi ripiani e di ciò sarò umilmente grata.

Dopo aver pranzato siamo andati al patio. Prima di sederci a mangiare, Dee e suo fratello Rob ci hanno invitato a guardare la maestosa visione di Halifax e del suo porto. Da quella posizione si possono vedere le navi che solcano le acque, il campanile della St. Mary's Basilica's (la basilica di Santa Maria) e il campanile del St. Paul's Anglican Church (la Chiesa anglicana di San Paolo), laddove vennero officiati i riti di sepoltura cristiana a molte delle vittime del naufragio del *Titanic*.

Ci godemmo il pranzo e poi mio marito John, Dee, Neil, Bob e James si alzarono a scattare foto della città di Halifax e del grande Oceano Atlantico dietro di noi.

TSAC membri pongono durante il centocinquantesimo Halifax Giardini Pubblici Festa di Compleanno, 10 giugno 2017: Ellen Harrison, James Somers, Tom Lynskey, Neil Meister, Dee Ryan-Meister, Christine Kuchler, Warren Ervine, Henrietta Mann, e Angelica.

Un'opportunità di avere la nostra foto prese con 'la Regina Vittoria e il Principe Albert' mentre passeggiate nei giardini.

Mount Olivet, Fairview Lawn e Baron de Hirsch

Mentre uscivamo dalla biblioteca e ci dirigevamo verso i cimiteri per i servcizi commemorativi, provai un timore reverenziale. Dopo aver visto gli artefatti del *Titanic* al MMA, e soprattutto le piccole scarpe del "bambino sconosciuto", il mio cuore stava battendo forte sapendo che entro pochi minuti sarei stata al cimitero di Mount Olivet, dove sono state seppellite 19 delle vittime, identificate e non, del *Titanic*.

Mentre entravamo nel cimitero, un cartello mi è balzato all'occhio e ho sentito il mio cuore sussultare. Si leggeva "*Titanic* Grave Site".

Dee ci raccolse tutti intorno al cartello, e a tutti coloro che come me non l'avevano mai visitato prima, cominciò a spiegare come era debitamente marcato un corpo quando questo veniva trovato. Quattro delle tombe erano di membri del personale del ristorante À la Carte. Henri Marie Jaillet, nato in Francia, abitava a Londra, in Inghilterra, era lo chef della pasticceria; Batiste Bernardi (anche registrato come Giovanni Battista Bernardi) era di Roccabruna (Cuneo), Italia; Maurice Emile Debreucq era nato anche lui in Francia, ma aveva vissuto a Londra; e Pompeo Gaspro Piazza, probabilmente di origine italiana, abitava anche lui a Londra.

La nostra amica e socia della TSAC, Christine Kuchler, era in piedi davanti a noi nel suo tradizionale abito da giorno dell'epoca edoardiana. La sua giacca di lamé nera e dorata brillava alla luce del sole; l'orlo della giacca era unito, con delle cuciture nere, alla gonna grigio scuro, lunga sino alle caviglie. In testa aveva un cappello di velluto nero, con un pennacchio di piume di corvo. La sua interpretazione del Salmo 98 è stato come un dono per tutti noi.

Dee ha quindi iniziato l'invocazione. Ha parlato dell'importanza di ogni persona che ha navigato sul *Titanic* e come ciascuno di loro, identificato o meno, sia stato debitamente sepolto per riposare con rispetto e con onore. Molti di noi hanno trattenuto le lacrime mentre ci univamo alla preghiera. Poi abbiamo messo una rosa bianca su ciascuna delle 19 tombe del *Titanic*. Ho avuto l'onore di posare una rosa bianca sulla tomba di Batiste Bernardi, che ha lavorato con i miei zii al ristorante À la Carte.

Joe McSweeney, la guida turistica locale e membro della TSAC, aveva una grande conoscenza del Mount Olivet Cemetery. Ha parlato di come è stato fondato il cimitero e di come ad ogni vittima del *Titanic* trovata fosse stata data una degna sepoltura.

Quando siamo usciti da Mount Olivet, qualche minuto dopo, i miei occhi sono caduti sull'insegna posta sulla strada d'ingresso del FAIRVIEW LAWN CEMETERY.

"Angelica, guarda alla tua destra", mi disse Dee. Mi voltai e c'era—proprio davanti ai miei occhi—l'immagine che avevo visto solo nei libri di storia. Le mie mani cominciarono a tremare e a sudare freddo. Ho aperto la porta della macchina e appena ho messo piede a terra, il mio cuore ha cominciato a battere nuovamente all'impazzata. Dee mi ha preso per mano e mi ha portato dentro. (Ancora oggi mentre scrivo queste righe ho le lacrime agli occhi). Davanti a me avevo il nome, inciso sulla pietra di gabbro nero, Luigi Gatti. Dee mi sorrise e l'ho abbracciata molto caramente.

"Dee, sono con lui, vero?"

"Sì", mi disse mentre toccavo la tomba, riscaldata dalla luce del sole che la stava illuminando.

I miei occhi volsero lo sguardo al cielo sopra il cimitero, immerso tra gli alberi di acero del paese canadese, e dissi: "Sono qui come promesso zio Mo, e guardo zio Alberto, zio Sebastiano ... Guarda sono con zio Luigi".

Se non credi in Dio, peggio per te, perché in quel momento li ho sentiti accogliermi tutti in piedi, proprio accanto a me, e ho potuto sentire la loro gioia.

Dee ha iniziato il servizio commemorativo accogliendo tutti in questo luogo sacro. Ho recitato poi la mia poesia sulla scomparsa del *Titanic* proprio accanto alla tomba di Luigi.

> *Perché adesso Titanic*
> *il tuo viaggio inaugurale vola tra le nuvole*
> *e la notte stellata per portare*
> *le anime di coloro che sono*
> *protetti dagli angeli custodi*
> *a guidarti verso il riposo celeste.*

Quando ho letto le ultime parole della poesia, tutto quello che potevo pensare era che la mia ricerca fosse completata. Dopo 41 anni ero finalmente qui con Luigi e sapevo che la seconda edizione di questo mio libro avrebbe avuto un significato speciale per me e, auspicabilmente, anche per chiunque altro lo leggesse: anche se dobbiamo morire, se qualcuno... anche solo uno, venisse ricordato, allora la nostra eredità vivrà per sempre.

Dee ci ha raccolti tutti in preghiera nel sito dove sono stati sepolti i 121 tra passeggeri ed equipaggio del *Titanic*, e dove ancora solo alcuni sono stati identificati. Ha deposto un mazzo di rose bianche in onore di coloro che erano lì sepolti e sulla tomba di James McGrady, cameriere di sala di prima classe, ultima vittima del *Titanic* seppellita ad Halifax il 12 giugno 1912. Ci siamo fermati vicino alla tomba di Luigi e Dee, con la guida Donald Rankin, lo scrittore Alan Ruffman e Joe McSweeney (membri della TSAC), ci hanno raccontato le storie di molti uomini, donne e bambini che sono morti sul *Titanic*.

L'unica storia che mi ha colpito è stata quello del bambino sconosciuto il cui corpo è stato recuperato dalle acque gelide dalle mani degli esperti membri del team del *Mackay-Bennett*. Ma una nuova svolta della storia è stata data al Fairview Lawn quando Donna Spicer, un'altra guida locale e socia della TSAC e con un forte interesse per la storia del *Titanic*, ha approfondito la questione e ci ha detto che grazie alla nuova tecnologia del DNA gli scienziati sono riusciti a prelevare dal corpo del bambino sconosciuto dei piccoli frammenti dalle sue ossa della coscia e dai denti. Si chiama DNA mitocondriale. Con questo speciale test sono stati in grado di identificare il bambino; il suo nome è Sidney Leslie Goodwin. Solo pochi anni fa la famiglia di Sidney si era riunita sulla sua tomba per onorarlo e rendergli omaggio. La famiglia di Sidney non volle avere il suo nome inciso sulla lapide tombale del bambino sconosciuto, perché hanno preferito che questa tomba rappresentasse tutti i bambini morti in quella fatidica notte del 1912.

Leggere il mio poema Titanic- Un viaggio inaugurale tra le nuvole, *durante il memoriale di servizio a cimitero di Fairview Lawn, 10 giugno 2017, mentre lo storico locale del Titanic Alan Ruffman osserva.*

Una domenica di riposo

Sembrava che John e io fossimo appena arrivati ad Halifax, ed era già domenica. Questo era il giorno in cui avrei fatto la presentazione del mio libro e dei miei molti anni di ricerca al MMA, durante la riunione generale della TSAC.

Quella mattina alle 11:00 John e io siamo andati alla St. Mary's Basilica (Basilica di Santa Maria), dove si era svolto il primo funerale cattolico per una delle vittime del *Titanic* nel maggio del 1912.

Lo stile archiettonico della chiesa era bizantino ed è un luogo santo di culto. Subito dopo la messa, il mio stomaco era in subbuglio, avevo solo due ore di tempo per cambiarmi e dirigermi al MMA per incontrare i miei colleghi e fare la mia presentazione.

Discorso al MMA

Ci siamo incontrati nella sala riunioni, al piano superiore dell'esposizione dei cantieri navali e Dee ha aperto la seduta. Ci ha condotto attraverso la storia della società—una società molto giovane, fondata solo quattro anni fa. Tuttavia, grazie all'amore per il *Titanic*, la società è cresciuta ed è diventata una associazione ben nota, non solo in Canada, ma in tutto il mondo.

Tom e Matt hanno parlato di come hanno creato il loro videogame Honory and Glory e della loro intenzione di realizzare un gioco sia divertente sia educativo sul *Titanic* e la sua storia. Stacy in seguito ha discusso del suo canale televisivo *Titanic* e degli episodi quotidiani che mette in onda. Lei ed io abbiamo intenzione di ritrovarci l'anno prossimo per raccontare la mia storia che verrà trasmessa sul suo canale.

Dopo è arrivato il mio turno e sinceramente ero molto nervosa quel giorno. Non avevo mai usato PowerPoint per presentare le mie storie, ma oggi grazie all'aiuto del mio amico Tommy Murawski, un mio ex studente che mi ha aiutato nella elaborazione della presentazione, ero ben preparata.

Era stupefacente stare lì a parlare davanti ai miei colleghi e presentare i frutti del mio lavoro, i miei zii e di come sono arrivati al *Titanic*.

È stato in quei giorni che sono diventata amica della dottoressa Henrietta Mann, una socia della TSAC e membro del consiglio direttivo della stessa.

La Dr. Mann è la biologa che ha dato un nome ai batteri che stanno causando, giù nell'abisso, la formazione delle incrostazioni di ruggine sul Titanic. Si chiamano *Halamonas titanicae*.

Quella domenica sera ci siamo poi ritrovati al cimitero di Baron de Hirsch, che si trova vicino al Fairview Lawn, per rendere omaggio alle tombe delle 10 vittime che sono state sepolte lì. Ho avuto l'onore di mettere una targa sulla tomba di una delle vittime, che purtroppo non è stata identificata. In tutta onestà, si può sentirli chiamare e chiedervi "Dove sono?" Il mio cuore avvertiva un grande dolore mentre guardavo queste lapidi e ho sentito nel mio intimo una voce: "Per favore, trovami!"

Presentando al TSAC riunione generale, domenica pomeriggio 11 giugno 2017 a MMA.

Un'avventura attraverso il tempo e il Titanic

Quel lunedì Dee e Neil mi hanno recuperato al Cambridge Suites Hotel per un tour nei siti del *Titanic* e luoghi correlati ad Halifax e a Terence Bay, situata a 35 minuti da Halifax. Con noi Tom, Matt e Stacy; eravamo lì non solo per visitare quei posti insieme, ma anche per far ricerche per i nostri rispettivi progetti.

Il nostro giro è iniziato alla St. George's Round Church (una chiesa anglicana) dove l'amministratore Jordan Gracie ci ha accolto con piacere. La chiesa, costruita tra il 1800 e il 1812 con il finanziamento della famiglia reale britannica, è caratterizzata da architettura in stile palladiano neoclassico e si trova sulla via di Brunswick, nel centro di Halifax. Il funerale del bambino sconosciuto si è svolto proprio qui a St. George's il 4 maggio 1912. L'equipaggio del Ship Cable *Mackay-Bennett* aveva organizzato il servizio per Sidney Goodwin e aveva pagato di tasca propria il monumento di pietra e le altre spese sostenute. La chiesa è stata devastata da un incendio il 2 giugno 1994, che ne ha causato lo sgretolarsi della cupola e distrutto circa il 40 per cento dell'edificio. La raccolta di fondi per la sua ristrutturazione ha ricevuto anche una donazione dal principe Carlo che aveva visitato la chiesa nel 1983 con la principessa Diana.

Jordan ci ha fatto visitare per la chiesa e ci siamo recati anche al campanile, dove ho avuto la possibilità di tirare la fune delle campane. Il suono di quella campana riecheggiava gioioso tanto che mi sentivo come una bimba a Natale e naturalmente desideravo risuonarla di nuovo e poi di nuovo ancora.

Abbiamo poi visitato la St. Paul's Anglican Church, la più antica chiesa protestante in Canada, costruito nel 1749, situata al 1749 di Argyle Street, nel Grand Parade. Qui, il 21 aprile 1912, si tenne un grande servizio commemorativo per le vittime del naufragio del *Titanic*.

George Wright, imprenditore locale e passeggero del *Titanic*, il cui corpo non fu mai ritrovato, e Hilda Mary Slayter, una passeggera sopravvissuta, erano parrocchiani di St. Paul. Un display contenente informazioni su George, Hilda e la reazione di Halifax al disastro si trova nella parte posteriore della chiesa.

La casa di George Wright si trova al 989 di Young Avenue, nei pressi di Point Pleasant Park. Mr. Wright era un milionario al momento della sua scomparsa. Prima di salire sul *Titanic* come passeggero di prima classe per navigare sulla famosa nave durante il suo viaggio inaugurale, volle che una sua dimora andasse al Local Council of Women ed effettuò una donazione per contribuire a finanziare la locale sezione della YMCA (Young Men's Christian Association, Associazione Cristiana dei Giovani Uomini).

Quel lunedì sembrava continuare ad offrire emozioni. Dopo aver lasciato St. Paul abbiamo attraversato Argyle Street per vedere la casa di famiglia di Hilda dove ella aveva trascorso gli anni della sua gioventù e, a poca distanza, ci siamo fermati al Five Fisherman Restaurant and Grill per pranzare. Il ristorante si trova adesso sul posto esatto dove era situato la Snow & Company Undertaker. Le pompe funebri Snow si occuparono di molti dei corpi che vennero portati dalla SC *Mackay-Bennett*.

Il bel ristorante, che ha appena riaperto dopo una completa ristrutturazione, è decorato con accessori in legno, lunghe vetrate che partono dalle colonne di sostegno che supportano l'edificio, e da un bar moderno che offre tutti i presupposti per trascorrere una piacevole serata.

Tutti abbiamo consumato una deliziosa cena a base di pesce al The Little Fish che si trova al piano principale, poi abbiamo visitato il ristorante. Al piano superiore c'è il locale più formale: qui si svolgono feste e matrimoni, ed ha un aspetto moderno di legno e vetro, bottiglie di vino sono racchiuse all'interno di una alta vetrina. Ogni bottiglia si trova sullo scaffale con l'etichetta in vista in modo che il cliente possa scegliere la bottiglia giusta per la propria festa.

Era in questi locali che i corpi recuperati dal luogo del naufragio del *Titanic* venivano imbalsamati e preparati per le relative onoranze funebri. Vi ricordate il bambino sconosciuto? Anche lui si trovava in questo luogo dove venne accudito, insieme a Luigi Gatti, a John Jacob Astor e a molti altri.

Molti camerieri e cameriere attestano che questo posto è infestato. I fantasmi camminano nelle stanze al piano di sopra, appaiono e muovono le cose. Si narra del fantasma di una bambina che si mostra agli ospiti "allegri", specialmente quelli che si trovano nella "stanza delle signore". Non è mai stato appurato se fosse davvero una bambina che viaggiava in seconda classe sul *Titanic*.

Dopo pranzo, sulla nostra strada per Terence Bay, Dee e Neil hanno organizzato di visitare il nuovo e moderno J. A. Snow Funeral Home. Ho incontrato il signor John Snow, il nipote di John Snow Sr., che era il proprietario e il fondatore nel 1883 della Snow & Company Undertaker in Argyle Street. La più antica casa di pompe funebri di Halifax è ora situata al Clayton Park.

Il signor Snow ci ha invitati a entrare nella "*Titanic* Room": è un locale dove aiuta i suoi clienti a pianificare le esequie per i propri cari. Nella stanza ci sono le foto del *Titanic* e della originale Snows Mortuary. Ho scattato molte foto e ho avuto l'onore di parlare con lui personalmente. È un uomo gentile; orgoglioso del suo lignaggio e del lavoro che la sua famiglia svolge per la città.

Dopo aver lasciato Snow siamo arrivati a Terence Bay. L'area, che conduce al SS *Atlantic* Heritage Park, è immersa nel verde.

Terence Bay, vicino a Prospect Bay, è vicino al luogo in cui molte navi hanno purtroppo trovato il loro tragico destino. La baia è una parte importante della costa dell'Oceano Atlantico. Il 1° aprile 1873, l'SS *Atlantic*, una nave della White Star Line, incontrò la sua fine a Prospect Bay, a sud-ovest di Halifax e ad est di Peggy's Cove, nella parte meridionale di Marrs Island.

L'SS *Atlantic* si era avvicinata troppo alla banchina rocciosa e gli stralli taglienti hanno fatto a pezzi lo scafo di legno facendolo affondare. Ogni membro dell'equipaggio morì e i loro corpi galleggiarono fra i massi bianchi e bruni, lungo il terrapieno. Nessuna donna è sopravvissuta, e anche tutti i bambini sono morti, tranne John Hindley, 12 anni. Il relitto dell'SS *Atlantic*, si trova a una profondità media di 50 piedi (15 metri; N.d.T.) sotto la superficie del mare. È un popolare luogo per l'immersione subacquea.

Matt, Tom e Stacy qui hanno registrato un video; Dee e io abbiamo scattato delle fotografie della zona, tra cui il monumento eretto dalla famiglia Ismay.

Abbiamo poi bevuto del tè all'SS *Atlantic* Park Interpretation Centre and Museum. Qui abbiamo avuto l'opportunità di vedere i reperti dell'SS *Atlantic*, tra cui una bandiera originale della White Star Line e dei piatti tra i quali uno in particolare con il logo della compagnia. Erano gli stessi piatti che c'erano anche sul *Titanic*. Ho notato il cartello che diceva "Non toccare", ma ammetto che sono stata "costretta" a toccare leggermente il piatto e poi a recitare una preghiera per i miei zii e per il personale del ristorante À la Carte.

Quella sera tutti noi ci siamo goduti un po' di relax. Io e mio marito abbiamo consumato una cena tranquilla al ristorante Caverns nel Cambridge Suites Hotel dove alloggiavamo.

Visitando il monumento, donata dalla famiglia Ismay nel 1905, a 563 passeggeri che persero la vita sulla SS Atlantico.

Martedi' con la TSAC al MMA

Martedì, io e John ci siamo presi un po' di tempo libero per noi e per essere onesta pur desiderando stare con Dee, Neil e tutti gli altri, ero esausta. Dovevo parlare in pubblico al Museo Marittimo dell'Atlantico, ospite della Titanic Society Atlantic Canada: dovevo riposare.

Dee aveva preso accordi per farmi parlare al teatro dove tutti potevano assistere alla mia presentazione sul palco. Quella sera ho indossato il mio costume d'epoca— un vestito in stile edoardiano con un broccato rosa che scendeva lungo la sottana e lungo le maniche. L'abito, legatochiuso con lacci sulla schiena, sulla vita e dietro la nuca, sembrava che fosse una bellissima crinolina. Indossando quell'abito al MMA, mi sentivo completamente nei panni di Arianna Lawrence, il personaggio della mia serie di libri Excalibur, e trasportata avanti nel tempo fino al 1912.

Quella è stata la prima volta che la mia ricerca di 41 anni veniva assemblata in ordine cronologico. Tramite le foto inserite nella presentazione con PowerPoint il pubblico poteva vedere quanto erano belli i miei zii, così pure le foto di Fubine, Alessandria, Italia, e dei documenti del *Titanic*, dell'Italia e dell'America, del loro lavoro, i loro turni e le loro condizioni sulla nave.

Stando in quel teatro, sentivo che quella storia scaturiva dal mio profondo. Una storia sconosciuta di due ragazzi che si avvicinavano all'America con il sogno di una vita migliore, era ora resa nota al mondo ... o almeno una piccola parte di essa.

Molti membri della comunità e dei miei compagni della TSAC dopo la mia presentazione hanno partecipato al dibattito e hanno acquistato la prima edizione di questo libro e di cui ho firmato le dediche. Non avrei potuto essere più onorata ma, allo stesso tempo, mi sentivo più umile.

Oggi quando ricordo quella sera, non riesco a pensare un posto migliore del MMA e di Halifax, Nuova Scozia, dove presentare le vite delle persone del *Titanic* e la mia.

Per me quella serata è stato un vero e proprio miracolo.

Gli Archivi della Nuova Scozia

Era mercoledì e la settimana scorreva troppo veloce per me. Dee arrivò in albergo dopo colazione e la dottoressa Henrietta Mann si unì a noi all'Apothecary Café in Barrington Street prima di incontrare Stacy. Ci stavamo recando agli Archivi della Nuova Scozia, che si trovano al 6016 University Avenue, vicino al centro di Halifax.

L'edificio è costruito con mattoni rossi e bianchi che si sovrappongono a mo' di le tegole, dando alla facciata esterna un effetto tridimensionale. Si sviluppa su tre piani: la parte anteriore dell'edificio ha delle alte finestre a forma rettangolare con rivestimenti in granito nero. Stacy aveva un appuntamento alle 13:00 con Garry Shutlak, archivista e storico.

Nancy, una signora dai capelli corti e grigi dalla carnagione chiara, indossava un abito grigio e nero ci salutò alla reception.

"Lui è Stacy Kline del canale televisivo *Titanic*; è qui per vedere Garry" disse Dee.

Dee si voltò e mi indicò. "Lei è Angelica Harris. Sta facendo ricerche per scrivere un libro sui suoi zii che lavoravano al ristorante À la Carte."

Nancy mi strinse la mano e mi condusse alla tavola rotonda sita al piano principale degli archivi.

"Garry dovrebbe scendere tra pochi minuti."

La stanza era completamente spoglia. L'unico arredamento visibile nel locale erano tre tavoli rotondi in legno contornati da comode sedie, mentre sul lato sinistro della parete c'erano gli armadietti per i dipendenti. Sulla parete laterale sinistra erano disposti degli espositori vuoti che venivano utilizzati per delle mostre speciali. Dall'altra parte c'era uno spazioso locale con pannelli di betulla e acero. Il locale era abbellito da un soffitto a cielo aperto e da un tappeto beige. Lungo le pareti facevano bella mostra di sé delle casse chiuse di legno che contenevano opere d'arte storiche pronte per essere utilizzate in occasione di un futuro evento.

Un uomo piuttosto grosso entrò passando dalle porte posteriori. Indossava una camicia nera e pantaloni color kaki e aveva con i capelli grigi lunghi fino alle spalle, la pelle chiara e gli occhi azzurri.

"Ciao Garry!" ho sentito dire a Dee mentre mi chiedeva di entrare.

"Questi sono Stacy Kline e Angelica Harris." Quando mi avvicinai, egli abbracciò Dee e Henrietta. Poi si voltò per stringere la mano di Stacy e la mia.

Garry allora ci invitò a sedere ad uno dei tavoli e prima che me ne accorgessi in men che non si dica comparvero sul tavolo blocchi di carta e penne insieme a delle bottiglie d'acqua.

"Garry, cosa puoi dirci della storia del *Titanic* e degli Archivi?" chiese Stacy

Garry sorrise a Stacy e a tutti noi. Poi fece un lungo respiro e rispose: "Questo luogo è conosciuto in tutto il mondo per conservare i registri originali del coroner di ogni vittima del *Titanic*".

Tutti noi gli abbiamo prestato attenzione.

"Interessante", disse Stacy, "continui."

Garry respirò a fondo e cominciò. "Tutte le vittime del *Titanic* sono schedate sin dal loro recupero effettuato dal *Mackay-Bennett* e dal *Minia*. Vennero raccolte dall'acqua e numerate e, quando arrivarono qui, furono portate da Snow per l'imbalsamazione e la sepoltura."

Guardai Garry e cercai con gli occhi Henrietta che erano seduti accanto a me. "È stato troppo doloroso per me sapere che tra quegli uomini non c'erano i nomi dei miei zii Alberto e Sebastiano."

"Ti dirò di più su di loro Angelica; lasciami dire a Stacy un po' di più di ciò che si trova negli scaffali di questi Archivi." Poi si rivolse a Stacy mentre tutti lo ascoltammo.

"Stacy, abbiamo anche i documenti delle famiglie della vittime che sono state in grado di fornire registrazioni adeguate dei loro familiari. Sono stati catalogati nella sezione di storia degli archivi."

"Qualcuno può leggere questi documenti?" chiese Stacy.

Garry fece un sorriso e scostò i suoi lunghi capelli d'argento dal viso. "Oh sì, questi file possono essere visualizzati sul posto oppure on line. Tutto quello che c'è da fare è chiedere."

Quel giorno le conversazioni intorno al tavolo passavano dal *Titanic* ad altre navi come il *Lusitania*, l'*Olympic*, il *Mauritania*, così dalla White Star alla Cunard Line. Fu un giorno incredibile, pieno di storia delle navi della White Star a quelle di altre compagnie. Garry era un uomo gentile e anche molto esperto. Mi illuminò sui miei zii e su come erano morti sul *Titanic*.

Quando ho sentito la sua versione, volevo quasi urlare e piangere, proprio lì al tavolo. La loro morte è stata più orribile di quanto pensassi. Da quel momento in poi non solo mi sentii in collera e traumatizzata, ma profondamente colpita nell'anima e da un sentimento dolorosissimo che portai dentro di me fino a casa.

L'esplosione a narrows, Halifax

Giovedì 15 giugno è stato il nostro ultimo giorno in Nuova Scozia e ho trascorso buona parte della notte a fare le valigie in modo che potessimo goderci la giornata al Museo Marittimo dell'Atlantico per l'apertura della mostra "Explosion in the Narrows". La mostra era dedicata alla memoria di coloro che sono morti il 6 dicembre 1917, quando due navi, l'SS *Imo* (una ex nave della White Star già denominata Runic) e il SS *Mont Blanc*, adibito al trasporto di munizioni, si sono scontrate nel porto di Halifax.

La mostra era la sintesi di come, anche se sono passati cento anni, gli effetti della collisione siano giunti ai nostri tempi.

La mostra esibiva i danni ingenti che subirono i Narrows e la città di Halifax. Le case, le imprese e le scuole furono completamente distrutte e la perdita in vite umane fu enorme. Migliaia furono i feriti, molti dei quali con lacerazioni causate da frammenti di vetro. L'esplosione ha anche spazzato via la comunità Mi'kmaw di Turtle Grove (nota anche come Turtle Cove), in una zona vicino a Tufts Cove, a Dartmouth, situata sul porto di Halifax.

Un memoriale, intitolato *Hope and Survival: The Halifax Memorial Quilt*, creato da Laurie Swim descrive la perdita catastrofica subita dalla zona interessata. Lo Scroll of Remembrance elenca i nomi delle 1.962 persone identificate tra le vittime, sia in inglese che in braille. Il metodo di identificazione, adottato dalla comunità, è stato lo stesso utilizzato dalla Snow Funeral Home e dal *Mackay-Bennett* e *Minia* dopo il disastro del *Titanic*.

Mentre me ne stavo lì ad ascoltare le vicende dagli storici, era come se fossi stata proiettata avanti nel tempo all'11 settembre 2101, esattamente cento anni dopo, quando saranno i nostri nipoti coloro che parleranno di quello che vivemmo quel giorno, quando il nostro World Trade Center fu preso di mira da un attacco terroristico.

Ad evento terminato e dopo aver trascorso un lungo pomeriggio, Dee, Henrietta, Stacy, Neil e mio marito John abbiamo deciso di cenare presto al The Henry House, una casa in pietra di due piani e mezzo nominata come sito storico nazionale del Canada e situata in Barrington Street.

Tutti abbiamo gustato una meravigliosa cena e abbiamo condiviso le molte storie della settimana. Stacy doveva ritornare la mattina presto alla sua città natale a

Nashville, nel Tennessee. Anch'io e John dovevamo tornare a casa al Queens, a New York City. Dee, Neil e Henrietta naturalmente sarebbero rimasti qui a Halifax.

E' stato un arrivederci ricco di emozioni e di lacrime all'uscita del The Henry House, mentre ci apprestavamo a partire.

Modelli di SS Mont Blanc e SS IMO, che raffigura il momento di impatto che ha causato l'Esplosione di Halifax, visualizzate all'ingresso della collisione in Narrows presentano, Museo Marittimo dell'Atlantico.

Arrivederci Halifax
Venerdì 16 giugno 2017

Quel venerdì 16 giugno, alle 2:30 del mattino, ero alla finestra della mia camera d'albergo, e stavo guardando l'orizzonte notturno ben illuminato sull'Oceano Atlantico al di là del porto di Halifax, la città che ci aveva accolti a braccia aperte. Avremmo dovuto lasciare l'hotel alle 4:30; il nostro aereo era previsto per le 6:10. Il mio cuore soffriva e, dallo sguardo stampato sul volto di mio marito quando uscì dalla doccia, si capiva che anche lui non era felice di partire.

Abbiamo preso una tazza di caffè caldo e dei cereali freddi, ci siamo vestiti e abbiamo finito di preparare le valigie.

John si è poi recato alla reception ed è tornato con un facchino. Siamo entrati in ascensore senza scambiarci una parola.

Ho aspettato che John andasse a prendere in garage l'auto che avevamo noleggiato e mettesse i bagagli nel baule, mentre io, con una certa riluttanza, ho consegnato la chiave della stanza a un giovane di nome Derick.

"Grazie Derick per il piacevole soggiorno trascorso qui a Cambridge Suites."

Il giovane uomo afro-canadese, alto e bello, ha risposto: "Spero che tu possa tornare molto presto."

Gli ho sorriso e gli ho detto: "Spero il prossimo giugno."

Prima di aprire la portiera dell'auto, John mi ha afferrato e mi ha stretto in un forte abbraccio.

"Dobbiamo partire?" mi chiese mentre mi baciava sulla guancia.

L'ho abbracciato, non gli ho detto nulla e sono salita in macchina.

Attraversando la città di Halifax, tutto quello che provavo era una stretta allo stomaco—ho trascorso qui un così bel periodo che mi sentivo triste quando l'ho lasciata.

Le strade si aprivano ampie davanti a noi, mentre percorravamo i luoghi e i suoni del Canada e siamo arrivati all'aeroporto in anticipo. Abbiamo passato il controllo della sicurezza e la dogana e, mentre eravamo al gate d'ingresso, ho guardato il sole che da oriente cominciava a salire alto in cielo, ho capito che stavo guardando verso casa.

La voce dello speaker all'autoparlante diceva: "Per NYC imbarco immediato."

Dopo che i nostri biglietti sono stati controllati, abbiamo cominciato a camminare verso il cancelletto esterno che conduceva all'aereo. Tutto quello che riuscivo a pensare era alla tomba di Luigi Gatti e del piccolo Sidney Goodwin. Nel mio cuore ho detto loro "addio" e sono salita sul mio aereo.

Mentre attendavamo il taxi, John e io ci tenevamo le mani. Entrambi ci siamo guardati negli occhi e abbiamo respirato profondamente... "Casa", ha detto John, e gli ho visto delle lacrime agli occhi.

Ci sono due cose evidenti che sapevo esser rimaste nel mio cuore quando sono tornata a casa.

Una era che devo ringraziare a chi se lo era meritato. Halifax, Nuova Scozia, è uno dei luoghi in cui vivono gli angeli. Ho avuto l'onore di percorrere le strade di questo luogo di morte e di celebrazione. Non importa sapere cosa succede: la gente qui è cordiale e ospitale verso tutti coloro che entrano nella loro città. Durante i giorni tristi dopo che il *Titanic* era affondato, la sua popolazione aveva raccolto quello che poteva per assicurarsi che tutte le vittime indossassero dei vestiti e potessero essere sepolti in maniera dignitosa. Avevano fatto in modo che le loro bare potessero essere posate in un luogo di culto per ricordare le loro vite e consentire alle loro anime un eterno riposo. Sono stata onorata di conoscere questo luogo e di esserne entrata a far parte della sua storia.

L'anno prossimo tornerò qui a presentare questo libro e queste sono le due ragioni per cui sono tornata a casa.

Ritornando ad Halifax, un anno dopo

Nel giugno 2018, ero orgoglioso di presentare il mio libro alla Titanic International Society e alla Titanic Society della Convention internazionale congiunta di Atlantic Canada tenutasi al Lord Nelson Hotel, ad Halifax, in Nuova Scozia. Durante l'evento di 4 giorni ho incontrato delegati in rappresentanza di 11 paesi, tra cui Regno Unito, Germania, Austria, Svezia, Portogallo, Sud Africa, Estonia e Israele, Stati Uniti e Canada. Ho avuto il piacere di incontrare Charles Haas, Presidente di TIS, il cui libro *Titanic: Destination Disaster*, co-autore di John P. Eaton, è stato determinante per aiutarmi a trovare i luoghi dei miei zii in Inghilterra. Ho anche avuto l'opportunità di incontrare il sindaco di Halifax e il ministro dell'immigrazione. Ho visitato alcuni siti titanici e ho visitato gli altri per la prima volta.

EPILOGO

Ricordando un sogno come se fosse un incubo

Zio Modesto non aveva idea, quando mi chiese di far ricerche sui suoi fratelli, di avermi fatto questo dono. Questo non era un regalo ordinario, uno di quelli che si scartano. Questo era un dono inestimabile per sua nipote, non solo per comprendere il desiderio di sapere dello zio, ma per conoscere e ricordare come due giovani uomini, come zio Alberto e zio Sebastiano, potevano sognare una vita migliore per sé stessi e per le loro famiglie. Per loro, lavorare sulle navi significava vivere e vedere il mondo. Per me voleva dire diventare un'autrice di best seller e forse vedere i miei libri adattati al grande schermo.

Ribadisco, avevo solo diciannove o poco meno di vent'anni, proprio come quando Alberto era morto sul *Titanic*, il giorno che zio Mo mi chiese di assumere questa missione. Avevo diciassette anni, la stessa età di Sebastiano, invece, quando ho scelto il *Titanic* per la tesi di scuola sulla grande regina del mare, per raggiungere un posto d'onore nella storia del mondo.

La verità è che, quando cominciai a conoscere chi fossero i miei zii, figli di lavoratori e di una orgogliosa famiglia cattolica italiana, il *Titanic* e la loro vita sono diventati più vivi che mai. Vivevano e lavoravano duramente, e posso solo tentare di immaginare come dovessero essere spaventati quando morirono sul *Titanic*.

Lo staff del ristorante À la Carte era stato subappaltato dalla White Star Line, la compagnia marittima del *Titanic*, e non erano stati considerati membri ufficiali dell'equipaggio.

Quella notte nel ristorante À la Carte, che si trovava sul ponte B a poppa, vicino al Grande Scalone, sotto la gestione di Luigi Gatti, manager del famoso ristorante, era stata offerta una cena in onore del capitano del *Titanic* Edward John Smith. Gli organizzatori, una coppia benestante di Filadelfia, avevano invitato alcune persone dell'élite aristocratica a cenare con loro per celebrare gli anni di servizio del capitano alla White Star Line.

Posso solo immaginare quanto Luigi Gatti e i miei zii quella sera fossero orgogliosi e onorati di essere stati scelti per ospitare tale evento e di essere a contatto con grandi personalità del mondo.

Il ristorante À la Carte offriva l'atmosfera più riservata a bordo. Decorato in stile Luigi XVI, il locale era illuminato da ampie finestre. I tappeti Axminster (l'azienda che fornì la moquette; N.d.T) ricoprivano i pavimenti. Dei piccoli tavoli, che ospitavano da due a otto persone, erano stati apparecchiati con piatti di porcellana, ed erano illuminati da lampade di cristallo. A differenza dei tavoli del salone principale, la metà dei tavoli del ristorante À la Carte ospitavano due persone.

Questa è la storia che Garry Shutlak, l'archivista anziano, mi ha detto quando ci siamo incontrati alla Nova Scotia Archivi. Quella notte orribile, trentasette uomini di Fubine, Alessandria, fu detto di rimanere nei loro alloggi fino a quando non venisse a loro ordinato di accedere ai ponti per essere caricati sulle imbarcazioni di salvataggio. Questi uomini coraggiosi erano stati esclusi dal resto della nave, mentre i loro compagni membri dell'equipaggio aiutavano i nobili passeggeri e le altre persone sul ponte alle scialuppe di salvataggio.

Luigi, Alberto, Sebastiano e gli altri dovevano essere stati in confusione. Non riesco nemmeno a pensare al dialogo e al linguaggio che quella gente parlava quella notte, posso ipotizzare come solamente qualche ora prima loro si sentissero definire i "maestri delle arti culinarie" dai personaggi influenti del mondo ... e ora erano trattati come oggetti.

Trovandosi sotto coperta, sentendo la disperazione sopra di loro e le gru che sollevavano le barche con le donne e i bambini, potevano solo immaginare la paura e la solitudine che provavano nei loro cuori e nelle loro anime.

Essere in una stanza con gli altri colleghi, e sapere che quando l'acqua sarebbe entrata nello scafo del *Titanic*, ti avrebbe annegato, se non fossi uscito per tempo ... Zio Alberto e zio Sebastiano dovevano pensare alla loro famiglia, alla casa che non avrebbero mai più visto.

Non avevano alcun controllo ... La vita, come scoprirono in quel frangente, era ormai passata e la sola vita ora per loro era affrontare la morte che li avrebbe sottomessi in pochi secondi, minuti oppure ore ...

La morte era inevitabile e questi uomini sapevano che le loro mogli quella mattina avrebbero potuto rimanere vedove e i loro figli orfani, senza che potessero dir loro addio.

Rispetto alla fine del *Titanic* e alla morte dei miei zii, ho provato un senso di orgoglio: l'orgoglio di essere una loro parente e di essere tra le persone importanti nella loro vita, ma ero anche orgogliosa di tutte quelle persone che lavorarono insieme a loro per costruire la grande nave. Una nave che era considerata inaffondabile, ma che pur avendo i suoi difetti, resi integralmente evidenti quella giornata, ha sfidato l'arroganza degli uomini.

Il *Titanic* è, per noi che lo conosciamo bene, l'inaffondabile nelle pagine della storia, e il nostro amore per quella nave è viscerale.

Ho il *Titanic* nel mio cuore e nella mia mente; naviga dentro la mia anima con il prezioso carico che portava ... i miei zii, tutto il resto dei passeggeri e dell'equipaggio che hanno solcato le acque sopra di esso.

Il *Titanic* sarà sempre la regina del mare e il cuore dell'oceano. Ha catturato il mio cuore, mi ha trascinato con sé e ha fatto di me la sua famiglia.

Il *Titanic*, zio Alberto, zio Sebastiano e tutti i membri dell'equipaggio e i passeggeri possano orgogliosamente riposare in pace nelle braccia di Dio e dei suoi angeli celesti per tutta l'eternità.

Avventurandosi in avanti, il Titanic avrà sempre un "viaggio inaugurale" in una forma o nell'altra quando autori come me continuano a scrivere di lei. Il *Titanic* non sarà mai dimenticato.

Discussione con l'archivista principale del Titanic Garry Shutlak, con Stacy Kline e Henrietta Mann, in occasione della visita agli Archivi della Nuova Scozia, 13 giugno 2017.

Ringraziamenti

Come è possibile che le persone che sono entrate nella tua vita, e che credono in te, possano cambiarti per sempre?

Credetemi, anche se non è facile, sono grata a tutti. Queste persone, quando le idee erano venute a meno e mi sentivo come senza speranza, mi sono venute in aiuto, sapendo che quello che volevo presentare al mondo ne valeva assolutamente la pena. Queste sono le stesse persone che hanno deciso di stare al mio fianco sin dalla concezione del mio sogno e di portarlo avanti. A loro sono eternamente grata.

Innanzitutto, mio zio Modesto, che ha avuto fiducia nell'affidarmi la realizzazione di questa storia e anche se lui non è più tra noi, so che sta guardando quaggiù e sorride. Sia che zia Anna, che quella sera aveva detto a zio Mo di stare tranquillo e di non annoiarmi con i dettagli della sua famiglia, ma sono contenta che non lo abbia fatto. Lo zio non fu mai un uomo noioso; era un uomo di fede, di profondo intelletto e di grande integrità morale.

Ai miei suoceri Doris e John LoCascio che sono stati con me a cena molte sere e hanno risposto alle mie domande sulla storia della mia famiglia. Ho imparato da loro ciò che le pagine di storia non mi avrebbero mai insegnato.

Devo ringraziare mio padre, Anthony Marchese, che quando ero giovane e mi ha visto scrivere, mi ha donato il mio primo notebook e le matite, e mi ha detto "Adesso scrivi!" Grazie a lui, che mi ha incoraggiato, quando ho iniziato le ricerche, a scrivere il primo libro della serie Excalibur. Lui sapeva che un giorno sarei diventata l'autrice e la storica che sono oggi.

A mia cugina Eva Corbellini, che non mi parlava mai del *Titanic* e dei sui suoi zii. Una volta mi disse: "Ciò che è morto dovrebbe rimanere sepolto." Ma quando le spiegai perché dovevo scrivere questa storia, lei alla fine mi aiutò fornendomi i nomi della famiglia e di altre persone.

Un ringraziamento particolare ai miei cugini Denise e Dennis Peracchio che hanno contribuito con alcuni contenuti e fornendomi le foto della nostra famiglia. Grazie a loro questa storia è diventata un'eredità speciale per l'intera famiglia.

A tutti i membri delle diverse società del *Titanic* che mi hanno accolto nei loro gruppi e mi hanno portato nel loro mondo ... Grazie.

A Claudio Bossi che mi ha trovato su Facebook e voleva essere una parte della mia creazione, il suo contributo a questa storia è inestimabile. Grazie alla sua conoscenza del paese e delle persone che vi abitano, ha contribuito a rendere questo libro non solo una storia del *Titanic*, ma una storia di Fubine, Alessandria, Italia, la comunità da cui provenivano Alberto e Sebastiano Peracchio. Grazie a lui, la storia raggiungerà la loro patria e, con amore e gioia, i loro parenti americani.

Il mio cuore va alla mia redattrice e assistente di questa ricerca, Ashley Franklin. Ashley ha creduto nel mio lavoro fin dall'inizio e sapeva dove doveva arrivare il viaggio. La ringrazio per essere qui e per rendere questo libro una creazione di arte e di storia.

A Deanna Ryan-Meister e Neil Meister, che ero contenta di avere incontrato sulle pagine di Facebook. Abbiamo coltivato dapprima un'amicizia e poi una partnership legata al *Titanic*. Loro hanno creduto nel mio lavoro e grazie alla loro stima stiamo per rendere ancora più viva la storia su queste pagine.

Ringrazio Mary Olsen, collega della TSAC che ha acquistato il mio libro a la Convenzione TIS–TSAC di Halifax, l'ha letta, ha dato una buona recensione e ha prestato il talento di correzione delle bozze per sostenere i miei sforzi nel raccontare questa storia. È stato un piacere conoscerti.

Al mio staff presso il programma di lettura Excalibur: Angela Albergo, Christine Engesser e James De Martini; che ringrazio per aver contribuito a creare un programma educativo comunitario che aiuta i bambini e le famiglie a raggiungere i loro obiettivi personali ed educativi. Loro sono la spina dorsale del programma e i miei cari amici.

Grazie a Youth Leader di Excalibur, Chris Ferttita per il tuo aiuto in creare la Google Classroom online per aiutare i giovani studenti di tutto il mondo a conoscere il *Titanic* e la storia del suo viaggio inaugurale e della sua tragica fine.

Per quanto riguarda i miei membri del Comitato Esecutivo, Claudette Oliveras e Sal Yadgar, la loro fiducia in Excalibur e nel mio lavoro come autrice tocca il mio cuore in tanti modi. Sono loro che mi aiutano a concretizzare i nostri fondi e costruire quei legami che realizzeranno davvero il nostro programma nelle prossime tappe della nostra comunità.

L'ho apprezzato molto.

Infine grazie alla mia famiglia, a mio marito John e ai miei figli, Andrea e John LoCascio, che mi hanno spinto ad alzarmi da tavola, a stare da sola nella stanza al piano di sotto per poter scrivere questo libro quando avrei potuto guardare un film o semplicemente divertirmi. È grazie al loro amore che questo libro è stato scritto e creato come un pegno d'amore per la nostra famiglia.

Bibliography

Archbold, Rick and McCauley, Dana with Foreword by Lord, Walter (Historical Consultation by Don Lynch): *Last Dinner on Titanic—Menus and Recipes from the Great Liner* (Hyperion/Madison Press Books, 1997)

Ballard, Dr. Robert D.: *The Discovery of the Titanic* (Warner/Madison Press Books, 1987)

Ballard, Dr. Robert D., and Archbold, Rick: *Lost Liners—From the Titanic to the Andrea Doria— The Ocean Floor Reveals its Greatest Lost Ships* Paintings by Ken Marschall (Hyperion, 1997)

Bass, Cynthia: *Maiden Voyage* (Bantam Books, 1996)

Bossi, Claudio: *Titanic—storia, leggende e superstizioni sul tragico primo e ultimo viaggio del gigante dei mari* (Giunti/De Vecchi, 2012)

Bossi, Claudio: *Gli enigmi del Titanic* (Enigma Edizioni, 2016)

Bossi, Claudio: *Naufragi* (Il Saggiatore, 2017)

Bossi, Claudio: *Titanic 3D* (Sassi Editore, 2017)

Bossi, Claudio: *Io e il Titanic* (Macchione Editore, 2018)

Cussler, Clive: *Raise The Titanic* (Pocket Books–Simon Shuster, 1976)

Eaton, John P. and Haas, Charles A.: *Titanic: Destination Disaster—The Legends and the Reality* (Great Britain: Patrick Stephens Ltd, Haynes Publishing, Sparkford, 1987)

Eaton, John P. and Haas, Charles A.: *Triumph and Tragedy* (Great Britain: Patrick Stephens Ltd, Haynes Publishing, Sparkford, 1987)

Eaton, John P. and Haas, Charles A.: *Titanic—The Exhibition*, Florida International Museum. (Lithographic Publishing Company, 1997)

Hyslop, Donald, Forsyth, Alastair, Jemima, Sheila: *Titanic Voices—Memories from the Fateful Voyage* (Sutton Publishing working with Southampton Council, 1994)

Jessop, Violet and Graham, John-Maxtone (Editor, Preface): *Titanic Survivor: The Newly Discovered Memoirs of Violet Jessop Who Survived Both the Titanic and Britannic Disasters* (Sheridan House, 1997)

Lord, Walter: *A Night to Remember* (Bantam Books, 1955)

MacInnis, Dr. Joseph: *Titanic—In a New Light* (Thomasson–Grant, 1992)

Marschall, Ken: *Inside The Titanic–A Giant Cut Away Book* (Little Brown and Company, 1997)

Marshall, Everett; Editor: *Wreck and Sinking of the Titanic—The Oceans Greatest Disaster*—Memorial Edition (L. H. Walter, 1912)

Pellegrino, Charles,: *Ghosts of the Titanic* (Avon Books— An Imprint of Harper Collins, 2001)

Shapiro, Marc: *Total Titanic* (Byron Press Multimedia Company, Inc. New York, 1998)

Wade, Wyn Craig: *The Titanic—End of a Dream* (Penguin Books, 1979–1986)

Magazines

Titanic—The Tragedy that Shook the World–One Century Later. *Life Magazine*. Life Books 2012.

Ballard, Robert. How We Found Titanic. *National Geographic*. Vol. 168, No. 6; December 1985

A Long Last Look at Titanic. *National Geographic*. Vol. 170, No. 6; December 1986.

Titanic—What Really Happened. *National Geographic*. Vol. 221, No. 4; April 2012.

Films, DVDs and Videos

Titanic The Mystery and The Legacy: Video 5 Pack: Titanic–The End of an Era; Echoes of Titanic; The Mystery and The Legacy; Titanic Remembered; Edward J. Smith The Captain of the Titanic (Mayday Entertainment Group 1998)

Cameron, James. *Titanic*. (1997). James Cameron, Writer. (20th Century Fox Films 1997)

Document Reproductions

Titanic—The Official Story April 14–15, 1912 (Reproduced in facsimile from the Archives of the Public Record Office in London. Random House 1997)

Website

Maritime Museum of the Atlantic
https://maritimemuseum.novascotia.ca

TIS–TSAC Titanic International Convention, June 21–24, 2018
TIS-TSAC Titanic International Convention, 21-24 giugno 2018

TSAC delegates, June 22, 2018 / *Delegati TSAC, 22 giugno 2018*:
Back/Indietro: Joshua Thomson, Christine Kuchler, Matt DeWinkeleer, John LoCascio, Henrietta Mann, Warren Ervine, Steve Blasco, Patricia Teasdale, Imre Karacsonyi, Colleen Farrell, Malte Fiebing-Petersen, Linda Mosher, Getrud Schmidt, Bill Gard, Karen Keddy. *Middle/Mezzo:* Angelica Harris, Sheryl Rinkol, Garry Shutlak, Dee Ryan-Meister, Neil Meister, Darryll Walsh, Blair Beed. *Front/ Davanti:* David Kaplan, Monica Adorno, Mary Olsen, Joe McSweeney, Tom Lynskey, Emma van Zeumeren.

TIS–TSAC Titanic Convention Gala photo, June 23, 2018
TIS–TSAC Titanic Convention Gala foto, 23 giugno 2018